行政不服審査の対応にもう困らない

自治体の審理手続に役立つ実務Q&A

濱和哲《Hama Kazuaki》・水野泰孝《Mizuno Yasutaka》・和田浩《Wada Hiroshi》［著］

第一法規

はじめに

1　改正行審法の制定経過

現行の行政不服審査法（平成26年法律第68号）は、改正前の旧法（昭和37年法律第160号）を52年ぶりに全面的に改正し成立した法律であり、平成26年改正は、行政上の不服申立制度を一新する大改正であった。

改正前の行政不服審査法は、審査請求、異議申立、再審査請求という３種類の不服申立手続を定めていた。異議申立と審査請求は、原則として択一的な関係にあり、法律に特別な定めがある場合には異議申立と審査請求をすることができる（この場合は、異議申立が前置となる）とされていた。このような不服申立手続相互の関係は、国民・市民にとっては非常に分かりにくいものであり、国民・市民が不服申立てを行う際の事実上の障壁になっていた。

また、実際に審査請求をした場合であっても、改正前の法律には、審査請求手続を主宰する者（現行法における審理員に相当する者）に関する定めがなかったため、審査請求事件が誰の主宰のもとで進行するのかが不明瞭であった。改正前に筆者が相談を受けた事案でも、本人が審査請求をしたものの、その後の手続や進捗が不明であるというので、筆者が審査請求先の省庁に問い合わせをしたところ、省庁内でも当該審査請求の存在が明確に認識されておらず、数年間、当該審査請求が事実上放置されていた、ということもあった。

このように、改正前の行政不服審査制度は国民・市民にとって使い勝手が悪く、迅速な救済手続とはほど遠いものであって、大幅な制度改正を必要とする状況にあったが、そういった中で、行政不服審査制度の改正に先立ち、司法救済手続を定める行政事件訴訟法が2004（平成16）年に改正（2005（平成17）年４月１日施行）された。

行政事件訴訟法の改正は、①行政訴訟をより利用しやすく分かりやすくするための仕組み、②救済範囲の拡大、③審理の充実・促進、④本案判決前における仮の救済制度の整備を柱とする改正であり、改正前の行政訴訟手続を一新する大改正であった。しかし、行政不服審査法と行政事件訴訟法は、行政との関係における国民の権利救済という観点からは「車の両輪」といった関係にあり、双方が分かりやすくかつ使い勝手のよい手続とならなければ、真の意味での実効的な権利救済を実現することはできない。そのため、行政事件訴訟法改正後は、早期に行政不服審査法を改正する必要があったが、改正法案が国会に提出されるまでにはなお数年の時間を必要とした。

2008（平成20）年には、自民党政権下で行審法を全部改正する法案がいったん国会に提出されたものの廃案となり、政権交代後の民主党政権下において再度検討作業が進められたが、法案策定には至らなかった。2014（平成26）年になって、ようやく、自民党・公明党連立政権は、かつての20年法案の基本構造をおおむね維持した内容の法案を策定し、国会に提出した。国会審議においては、附則にかかる修正と附帯決議がされた上で、2014（平成26）年６月６日、改正法が成立するに至った。行政事件訴訟法の改正からすでに約10年の年月が経過していた。

2　施行後５年後見直し

附帯決議では、法施行後５年後において、政府による見直しを求める旨の条項が追加された。これは、行政不服審査制度の大幅改正について、改正後の施行・運用状況を点検し、法改正を含む必要な改善事項があった場合には、制度改善を図ることを求める旨の決議であった。

行政不服審査法を所管する法務省は、法施行後５年が経過した2021（令和３）年４月以降、行政不服審査法の改善に向けた検討会を開催し、検討会において、施行状況の点検および改善事項の整理が行われた（検討会の開催状況等は、総務省のホームページで確認することができる）。2022（令和４）

年１月、検討会は最終報告書を公表したが、ここでは、積極的な改善を図るべき事項として、以下の５つの事項をあげている。

①審理手続の担い手の確保・育成
②不服申立てに関わる各主体の体制の整備
③運用マニュアルに沿った手続の徹底
④国民に対する情報提供および審査庁・処分庁間の連携の推進
⑤行政不服審査会等の答申における付言の活用

そのうち③では、「総務省は、本検討会における検討を踏まえて改訂されるマニュアルに従って、国の機関において行審法が厳正に運用されるよう、徹底すべきである。また、総務省は、地方公共団体に対し、当該マニュアルに即した厳正な運用が確保されることが望まれることを明確にした上で、積極的な情報の提供と助言等を行う必要がある」とされている。ここにいう「改訂されたマニュアル」にあたるものとして総務省が2022（令和４）年６月に策定したのが「行政不服審査法事務取扱ガイドライン」である。これは、従前は「マニュアル」として策定されていたものを「ガイドライン」として再策定したものであり、すでに、各地方公共団体にも配布されている。そのため、今後、地方公共団体における審査請求事務は、基本的にはガイドラインに沿った手続として遂行することが想定されている。

3　地方公共団体における審査請求実務

2016（平成28）年４月に施行された改正行審法は、「公正性の向上」とともに、「利便性の向上」を目的とする制度改正であったことから、改正後には審査請求件数が相当程度増加することが見込まれていた。しかし、その後の総務省による施行状況調査を見る限り、審査請求件数は増加することなく、むしろやや減少傾向にある。

「利便性の向上」を目指した制度改正であったにもかかわらず、件数が増加しないことについて、（様々な推測・考え方はあるが）はっきりした理由は分かっていない。しかし、審査請求という簡便な手続の存在が、いまだ国民・市民の間に十分に周知されていないことが一つの理由であることは間違いないと思われる。今後、審査請求制度がより広く周知され、救済されるべき事案に関し、簡易・迅速な権利救済が実現されることが望まれるところである。

審査請求件数が減少傾向にあるなか、町や村といった規模の地方公共団体の中には、いまだ、制度改正後に審査請求が一度もされたことがないという団体が少なからず存在する。こういった団体においては、行政不服審査制度の改正や制度概要に関しては研修等で知る機会はあっても、実際の案件が存在しないため、審理員の審理の進め方や審査会の調査審議のあり方といったことがノウハウとして蓄積されることがない。しかし、審査請求は、用紙１枚を審査庁や処分庁に提出すれば、それだけで手続は完了するきわめて簡便な手続である。これまで審査請求がされたことがない地方公共団体としても、いつ審査請求があっても対応できるという体制づくりは必須である。

4　本書の特徴

本書は、審査請求の実務経験が必ずしも多いとはいえない地方公共団体を念頭に、審査請求への実務対応が多少なりとも円滑になればという思いで執筆された。

本書の執筆者は、日本弁護士連合会の行政問題対応センターに所属する有志３名の弁護士であり、審査請求人代理人、審理員、審査会委員など、それぞれがさまざまな立場から審査請求実務の経験を有している。こういった経験の中で、各弁護士は、地方公共団体の職員の方々が、審査請求の実務対応に関し、さまざまな疑問や課題に直面しながら、創意工夫の中で手続を遂行している様子を目にしてきた。

そういった中、総務省が作成したガイドラインが公表されるにあたり、ガイドラインも参照しながら、より実務に近いところでQ&Aが作成できないか、といった弁護士間の議論が本書の執筆のきっかけとなった。もっとも、行審法改正後にはすでに多くの解説書が発刊されており、特に審査請求人の側から審査請求手続を解説する書籍はすでに相当数存在していた。その一方、審査請求手続を進める地方公共団体側の具体的な制度運用について詳細に解説する書籍はほとんど見当たらなかった。そこで、執筆者は、地方公共団体を審査庁とする審査請求手続を念頭に、審査請求制度を運用する地方公共団体側の視点から、Q&A形式の解説書を作成することとした。執筆者はいずれも別の事務所、別の地域で活動する弁護士であるが、行政不服審査制度がより広く周知され、より活発な制度利用がされることを願うという点で思いは一つである。行政不服審査制度が活性化するためには、まずは、国民・市民が審査請求制度を知り、かつ、実際にも審査請求の件数が相当程度増加する必要がある（件数が増加しない限り、活性化したとは言い難い）。しかし、周知活動が奏功し、現に審査請求の件数が増加したのに、地方公共団体に審査請求に対応するだけの十分な体制ができていないとなれば、それはそれで問題である。行政不服審査制度の活性化は、簡易迅速な救済制度として機能してはじめて真の活性化となるのであり、単に件数が増加するだけでは本当の意味での活性化とはいえない。

その意味では、これまで審査請求がされたことがない地方公共団体を含め、５年後見直しを経た現時点において、改めて審査請求に適切に対応できる体制にあるかを見直す必要があるように思われる。本書がそういった見直しの際の参考になれば幸いである。

2023年10月

濱　和哲

目次

はじめに

凡　　例

1　本書においては、次の略語を用いています。

・行政不服審査法（平成26年法律第68号）は、「行審法」としています。ただし、同法による改正前の行政不服審査法を指す場合には、「平成26年改正前行審法」としています。

・行政不服審査法事務取扱ガイドライン（令和４年６月。総務省行政管理局）は、「ガイドライン」としています。

・法令名を明記しない条項は、行政不服審査法の条項を指します。

2　本書の「実務編」においては、読みやすさ・分かりやすさの観点から、法令上の用語につき、次のような用い方をしています。法令上の文言とは異なるところがありますので、ご留意ください。

・法令上、「処分庁等」（４条１号。処分庁と不作為庁の総称）が用いられる場面について、「等」を省略し、「処分庁」と記載しています。

・法令上、「行政不服審査会等」（43条１項４号。行政不服審査会および81条１項または同条２項の機関の総称）が用いられる場面について、「等」を省略し、「行政不服審査会」または「審査会」と記載しています。

・審査請求の当事者から提出される、それぞれの主張が記載された書面(審査請求人が提出する審査請求書、反論書等、処分庁等が提出する弁明書等）を、「主張書面」と記載している箇所があります。

・審査請求の当事者から提出される、それぞれの主張を根拠付ける資料(審査請求人や参加人が提出する「証拠書類」および「証拠物」(行審法32条１項)、処分庁等が提出する「書類その他の物件」(同条２項)）を、「証拠」と記載している箇所があります。

制度編

はじめに

本編では、行審法の定める審査請求を中心に、行政不服審査制度の基礎的内容を確認していきます。基礎的内容の確認にあたり、生活保護費を受給していた者が保護の停止処分を受けたことに対して審査請求を行う事案をモデルケースとし、このモデルケースにあてはめる形で、審査請求が具体的にどのように進むのかについてもみていきます。（本編の文責：水野泰孝）

【モデルケース】

Ｘは、Ａ県Ｂ市に単身で居住する70歳の男性である。

Ｘは、2023年４月７日、生活保護の開始を申請した。同月21日、Ｂ市が設置するＣ福祉事務所の所長Ｙは、Ｘについて生活保護の開始の決定をした。生活保護開始決定時において、Ｘは自動車１台を保有しており、日々の病院への通院のため、保護開始後も自動車を保有し続けることを希望している。

福祉事務所長Ｙは、生活保護開始決定時にはＸの自動車の保有を認めていたものの、その後、これを認めないこととし、2023年８月８日付けで、生活保護法27条１項に基づき、Ｘに対し、自動車を売却するよう指導を行った。

しかし、Ｘは、自動車は日々の通院に必要であるとして、Ｙの指導に従わなかった。

福祉事務所長Ｙは、弁明の機会の付与の手続を経て、2023年10月１日付けで、生活保護法62条３項に基づき、Ｘに対し、同月分より生活保護費の支給を停止する旨の生活保護停止処分（以下「本件停止処分」という。）を行い、翌２日、Ｘは本件停止処分の通知書を受け取った。

Ｘは、日々の通院のためには自動車を保有することが必要不可欠であり、本件停止処分は違法・不当であると考えている。

○　生活保護法（昭和25年法律144号）

（指導及び指示）

第二十七条　保護の実施機関は、被保護者に対して、生活の維持、向上その他保護の目的達成に必要な指導又は指示をすることができる。

２・３　（略）

（指示等に従う義務）

第六十二条　被保護者は、保護の実施機関が、（略）第二十七条の規定により、被保護者に対し、必要な指導又は指示をしたときは、これに従わなければならない。

２　（略）

３　保護の実施機関は、被保護者が前二項の規定による義務に違反したときは、保護の変更、停止又は廃止をすることができる。

４　保護の実施機関は、前項の規定により保護の変更、停止又は廃止の処分をする場合には、当該被保護者に対して弁明の機会を与えなければならない。この場合においては、あらかじめ、当該処分をしようとする理由、弁明をすべき日時及び場所を通知しなければならない。

５　第三項の規定による処分については、行政手続法第三章（第十二条及び第十四条を除く。）の規定は、適用しない。

Q1　審査請求は、何に対してできますか。

説明

（１）審査請求は、①「行政庁の処分」（２条）または②「行政庁の不作為」（３条）に対して行うことができます。

（２）「行政庁の処分」（以下、単に「処分」ともいいます。）とは、行政庁が、国民に対する優越的な（一方的な）地位に基づき、国民の権利義務に対して直接具体的な法効果を及ぼす行為をいいます。例えば、営業許可の申請に対してこれを不許可としたり、法律違反があったとして営業許可を取り消したりする場合、それぞれが処分にあたります。行政庁による行為であっても、処分にあたらないものは、審査請求の対象にはなりません。

自治体の職員の方々において、行政庁による行為が処分にあたるか否かの判断に迷うことはそれほど多くはないと思いますが、時には、処分にあたるか否かが法令の解釈問題として裁判で争われることもあります。例えば、要綱に基づく補助金交付申請に対する不交付決定をめぐる争いの局面において、不交付決定が処分にあたるか否かが争われることがあります。

また、行審法は、処分であっても、行審法の定める審査請求を行うことができないものを列挙しています（７条）。個別法において、審査請求ができない旨を定めていたり、独自の不服申立て手続を定めていたりする例もあります。

行政庁が、審査請求の対象である処分を行う際には、処分を受ける者に対して、審査請求を行うことができる旨等を教示しなければなりません（82条）。

（３）「行政庁の不作為」とは、「法令に基づく申請に対して何らの処分をもしないこと」をいいます（３条）。法令において一定の処分を求めることができる申請手続が定められている場合において、当該申請が行われたものの、これに対して行政庁が応答しない場合、「行政庁の不作為」を理由とした審査請求をすることができます。

なお、「行政庁の不作為」とは、行政が応答をしないことに対する審査請求であるため、この局面においては、教示は問題になりません。

＜モデルケース＞

福祉事務所長ＹがＸに対して行った本件停止処分は、福祉事務所長という優越的な（一方的な）地位に基づき、生活保護費の支給を停止するというＸの権利に直接具体的な法効果を及ぼす行為であり、「行政庁の処分」にあたります。そのため、Ｘは、本件停止処分を対象にして、審査請求を行うことができます（行審法および生活保護法には、本件停止処分を対象にして審査請求を行うことはできない旨の定めはありません。）。

福祉事務所長Ｙは、Ｘに対して本件停止処分を行うにあたり、審査請求を行うことができる旨を教示しなければなりません。

なお、Ｘにおいて、福祉事務所長Ｙが行った指導に不服があったとしても、この指導は処分にあたらないと解され、この指導に対する審査請求はできません（正確には、Ｘはこの指導について処分であると解した上で審査請求を行うこと自体はできますが、審査庁はこの指導は処分にあたらず適法な審査請求ではないとして、審査請求を却下することになると考えられます。）。

Q2 審査請求は、どこに対して行うものですか。

説明

審査請求は、原則として、処分庁等（行審法は、処分をした行政庁につき「処分庁」、不作為に係る行政庁につき「不作為庁」、これら二つをまとめて「処分庁等」との用語を用いています。4条1号）に上級行政庁がある場合にはその最上級行政庁に対して、上級行政庁がない場合には当該処分庁等に対して行います（4条）。ただし、個別法においてこれらとは異なる定めがある場合には、当該個別法の定めるところによります。

ここにいう「上級行政庁」とは、審査請求の対象である「行政庁の処分」または「行政庁の不作為」についての行政事務に関し、処分庁等を指揮監督する権限を有する行政庁をいいます。

行政庁が審査請求を行うことができる処分を行う際には、審査請求先を教示しなければなりません（82条）。

＜モデルケース＞

C福祉事務所は、B市が設置する機関であり、その最上級行政庁は「B市長」となります。そのため、行審法の定める原則どおりであれば、本件停止処分の審査請求先は「B市長」となります。

ただし、生活保護法64条は、「市町村長が保護の決定及び実施に関する事務の全部又は一部をその管理に属する行政庁に委任した場合における当該事務に関する処分」についての審査請求先は、「都道府県知事」となる旨を定めています。

C福祉事務所は、B市長から、保護の決定および実施に関する事務の委任を受けている立場にあり、生活保護停止処分は当該事務に関する処分にあたることから、生活保護法64条が適用され、本件停止処分の審査請求先は「A県知事」となります。

福祉事務所長Ｙは、本件停止処分を行う際に、審査請求先が「Ａ県知事」となることを教示しなければなりません。

○　生活保護法

（実施機関）

第十九条

１～３　（略）

４　前三項の規定により保護を行うべき者（以下「保護の実施機関」という。）は、保護の決定及び実施に関する事務の全部又は一部を、その管理に属する行政庁に限り、委任することができる。

５～７　（略）

（審査庁）

第六十四条　第十九条第四項の規定により市町村長が保護の決定及び実施に関する事務の全部又は一部をその管理に属する行政庁に委任した場合における当該事務に関する処分（略）についての審査請求は、都道府県知事に対してするものとする。

Q3　審査請求は、いつまでに行う必要がありますか。

説明

（１）「行政庁の処分」に対する審査請求は、処分があったことを知った日の翌日から起算して３か月以内に行う必要があります（18条１項）。また、処分があった日の翌日から起算して１年を経過した場合は、審査請求を行うことはできません（同条２項）。

それぞれの期間制限について、「正当な理由」がある場合には、この限りではないとされています（各項ただし書き）。

行政庁が審査請求を行うことができる処分を行う際には、審査請求ができる期間を教示しなければなりません（82条）。

（２）「行政庁の不作為」に対する審査請求については、期間制限の定めそれ自体はありません。ただし、この審査請求は、行政庁が何らかの応答をするまでの間になし得るものです。そのため、行政庁が何らかの応答をした場合、「不作為」ではなくなり審査請求は不適法となりますので（審査請求をしたとしても却下されます。）、この意味での期間制限はあります。

＜モデルケース＞

Ｘは、本件停止処分の通知書を2023年10月２日に受け取っています。この翌日から起算して３か月が経過する日は2024年１月２日であり、行審法の定めのみで考えるとこの日までが審査請求期間となります。

ただし、行政機関の休日に関する法律（昭和63年法律91号）２条本文・１条１項３号によると、12月29日から翌年１月３日までは行政機関の休日であり、期間の末尾が同法の定める休日にあたる場合、休日の翌日までが期間になるとされています。したがって、2024年１月４日までが審査請求期間となります。

福祉事務所長Yは、本件停止処分を行う際に、審査請求期間を教示しなければなりません。

Q４　教示について、教えてください。

説明

（１）処分庁は、不服申立てを行うことができる処分を行う場合には、処分の相手方に対し、①「不服申立てができる旨」、②「不服申立てをすべき行政庁」、③「不服申立てをすることができる期間」を、それぞれ書面で教示しなければなりません。ただし、口頭で処分をする場合には、この限りではありません（82条１項）。上記①から③それぞれの内容については、Q１からQ３をご参照ください。

ここにいう不服申立ては、行審法が定めるものに限らず、個別法において定められる不服申立てを含みます（82条１項は、「他の法令に基づく不服申立て」も教示の対象にしています。）。

教示により、処分の相手方は、審査請求を行うことができるか否か、並びに、審査請求先および審査請求期間を知ることができます。

（２）処分庁が、法令上は不服申立てを行うことができる処分であるにもかかわらず、教示をしなかった場合、当該処分に不服がある者は、処分庁に対して不服申立書を提出することができます（83条１項）。

処分庁が教示をしたものの、審査請求先を誤った場合には、救済規定も用意されています（22条）。

処分庁が教示をしたものの、審査請求期間を誤り、これにより審査請求期間が経過してしまった場合には、処分の相手方において正しい審査請求期間を知ることができたといえるような事情がなければ、審査請求期間を経過したことについて「正当な理由」があるとして救済されることもあるでしょう。

＜モデルケース＞

福祉事務所長Yは、Xに対して本件停止処分に係る通知書を送付する際、書面にて、

①審査請求をすることができる旨

②審査請求先がＡ県知事となること

③審査請求期間

を教示しなければなりません。

Q５　審査請求は、どのように行うのですか。

説明

（１）審査請求は、他の法令において口頭で行うことができる旨の定めがある場合を除き、審査請求書を提出して行います（19条１項）。審査請求書は、「審査請求をすべき行政庁」に直接提出するほか、処分庁等を経由して提出することもできます（21条）。なお、行審法上、「審査請求をすべき行政庁」に対し、法律または条例の規定により審査請求がなされると、当該行政庁は「審査庁」と呼ばれることになります（９条１項）。

審査請求書は、審査請求をすべき行政庁が処分庁等でない場合には、正本１通と副本１通を提出しなければなりません（行審法施行令４条１項）。審査請求をすべき行政庁が処分庁等と同じ場合には、正本１通で足ります。

審査請求書への押印は、不要です（2021年２月15日付け「押印を求める手続の見直し等のための総務省関係政令の一部を改正する政令」による改正により、不要となりました。）。

（２）処分についての審査請求書には、次に掲げる事項を記載しなければなりません（19条２項）。

①審査請求人の氏名または名称、および、住所または居所

②審査請求に係る処分の内容

③審査請求に係る処分があったことを知った年月日

④審査請求の趣旨および理由

⑤処分庁の教示の有無およびその内容

⑥審査請求の年月日

（３）不作為についての審査請求書には、次に掲げる事項を記載しなければなりません（19条３項）。

①審査請求人の氏名または名称、および、住所または居所

②不作為に係る処分についての申請の内容および年月日

③審査請求の年月日

＜モデルケース＞

Ｘにおいて、本件停止処分に不服があるとして審査請求を行う場合には、審査請求書を作成し、これを審査請求をすべき行政庁であるＡ県知事、または、処分庁である福祉事務所長Ｙに提出することになります。

審査請求書には、最低限、次の各事項を記載します（19条２項）。押印は不要です。

①Ｘの氏名および住所（または居所）（１号）

②Ｘの生活保護を停止する旨の決定が2023年10月１日になされたこと（２号）

③Ｘが2023年10月２日に本件停止処分を知ったこと（３号）

④Ｘは本件停止処分の取消しを求めることおよびその理由（４号）

⑤福祉事務所長Ｙの教示があることおよびその内容（５号）

⑥審査請求の年月日（６号）

本件は、審査請求をすべき行政庁（Ａ県知事）と処分庁等（福祉事務所長Ｙ）は異なりますので、Ｘは、審査請求書につき、正本１通・副本１通を用意することになります。

Q 6　「審査請求の趣旨及び理由」とは、何ですか。

説明

（１）審査請求を行う際には、審査請求書において、「審査請求の趣旨及び理由」を記載する必要があります（19条２項４号）。

（２）「審査請求の趣旨」とは、審査請求において審査請求人が求める結論にあたる部分です。審査庁に対して求めている裁決の内容ともいえます（裁決の内容について、46条、47条参照）。

例えば、審査請求において処分の全部の取消しを求める場合には、「審査請求の趣旨」として、「処分を取り消すとの裁決を求める。」などと記載します。ほかには、処分の一部の取消しを求めたり、処分の変更を求めたり、あるいは、一定の処分をなすよう求めたり、といったこともできます（事案と状況によって、使い分けることになります。）。

他方、審査請求において、損害賠償その他金銭の支払を求めることはできません。審査請求は、処分それ自体の見直しを求める手続であるためです。

（３）「審査請求の理由」とは、上記（２）にいう「審査請求の趣旨」を求める根拠のことをいいます。

例えば、処分が間違っていると考えるのであれば、処分が間違っていると考える根拠を記載します。ただし、審査請求の手続においては、処分庁等の側においても「処分の内容や理由」を弁明書において説明しなければならないとされており、審査請求書を提出する段階において具体的な理由の記載がなされていない場合があっても、このことのみを理由として審査請求が不適法となるものではありません。

＜モデルケース＞

本件停止処分が取り消されれば、Ｘは生活保護を引き続き受給することができるようになるため、Ｘが審査請求において求めることは、本件停止処分の取消しになると考えられます。審査請求書における「審査請求の趣旨」としては、「本件停止処分を取り消すとの裁決を求める。」と記載することが考えられます。

審査請求書における「審査請求の理由」としては、Xとして本件停止処分が違法または不当と考える理由を記載することになります。例えば、自動車の保有が認められなければ日々に通院ができない事情等、Xとしての言い分を記載することになります。

Q７　審査請求は、どのような流れで進みますか。

説明

（１）審査請求の基本的な流れとしては、「審理員による審理手続」と「行政不服審査会等による調査審議の手続」の２段階の審理を経て、審査庁による最終判断である「裁決」に進みます。

（２）「審理員による審理手続」は、大きくは、次の流れで進みます。

①審理員の指名（９条１項）⇒Ｑ８

②処分庁等からの弁明書の提出（29条）⇒Ｑ９

③審査請求人からの反論書の提出（30条）⇒Ｑ９

④審理員による争点の整理等（37条参照）

⑤口頭意見陳述の実施（31条）⇒Q10

⑥審理手続の終結（41条１項）

また、上記の過程において、審査請求人は証拠書類等を提出することができ（32条１項）、処分庁は処分の理由となる事実を証する書類等を提出することができます（32条２項）。審理手続の中で、審査請求人は提出書類等の閲覧等を行ったり（38条１項）、審理員から審理関係人に対して質問がなされたり（36条）します。

審理員は、審理手続の終結後、「審理員による審理手続」の結果をまとめた書面として、「審査庁がすべき裁決に関する意見書」である「審理員意見書」を作成し、審査庁に提出します（42条）。⇒Q11

（３）審理員から審理員意見書の提出を受けた審査庁は、その内容について検討した上で、行政不服審査会等に諮問をするか否かの判断をします（43条１項）。⇒Q12、Q13

行政不服審査会等への諮問をしない場合、審査庁は、裁決を行います。

他方、諮問がなされた場合、審査庁から諮問を受けた行政不服審査会等は、必要な事実調査等を行った上で、審査庁に対して「答申書」を提出します（79

条)。⇒Q14

（４）行政不服審査会等から「答申書」の提出を受けた審査庁は、審査請求に対する最終判断である「裁決」を行います（44条)。⇒Q15

審査庁が「裁決」をなすにあたり、審理員から提出された「審理員意見書」、および行政不服審査会等から提出された「答申書」のいずれの内容にも拘束はされませんが、審査庁がこれらと異なる結論を採る際には、その理由も裁決書に記載しなければなりません（50条１項４号かっこ書き)。⇒Q11、Q14

＜モデルケース＞　※Ｑ８～Q15においても改めて確認します。

Ｘが本件停止処分の取消しを求めて審査請求を行うと、審査庁であるＡ県知事は、Ａ県に所属する職員の中から、審理手続を行う審理員を指名することになります（以下のモデルケースの検討においては、Ａ県知事により指名された審理員をＺとします。)。

審理員Ｚは、必要な審理手続を経た上で、審理手続を終結し、「審理員意見書」を作成して、これをＡ県知事に提出します。

Ａ県知事において、「審理員意見書」の内容を検討した上で、その時点でＸの審査請求を全部認容するなどの判断をする場合を除き、Ａ県行政不服審査会に対して諮問を行うことになります。

Ａ県行政不服審査会は、必要な事実調査等を行った上で、「答申書」を作成し、これをＡ県知事に提出します。

Ａ県知事は、「答申書」の内容も検討した上で、「裁決」を行います。この「裁決」に係る裁決書の主文が、「審理員意見書」の内容または「答申書」の内容と異なる場合には、その理由も記載します。

Q8　審理員の指名について、教えてください。

説明

（１）審理員は、審査庁が、審査庁に所属する職員の中から指名します（９条１項柱書）。複数の審理員を指名することも可能です。

審理員名簿が作成されている場合には、審査庁はその名簿の中から審理員を指名します（９条１項柱書、17条）。

審理員による審理手続の公正さを確保するため、審理員には、一定の除斥事由が定められています（９条２項各号）。例えば、審査庁は、審査請求人の四親等内の親族や、審査請求に係る処分に利害関係のある者を、審理員に指名することはできません（３号・７号）。

（２）次の場合には、審理員の指名は不要とされています。

①行政委員会や審議会等が審査庁となる場合（９条１項ただし書き各号。審理員による審理手続によらずとも公正性が確保されているといえるため）

②条例に基づく処分について、条例に特別の定めを設けた場合（９条１項ただし書き。地方自治の尊重の観点から）

③行審法24条に基づき審査請求を却下する場合（９条１項ただし書き。審査請求それ自体が不適法であり審理員を指名する必要性がないため）

④個別法に特別の定めがある場合（１条２項参照）

＜モデルケース＞

Ｘが本件停止処分に対して審査請求を行う際の審査請求先はＡ県知事であり、Ａ県知事が審査庁となります。Ａ県知事は、その時点で審査請求を却下する場合を除き、Ａ県に所属する職員の中から審理員を指名します。審理員名簿が作成されている場合には、その中から審理員を指名します。

Ａ県知事がＺを審理員に指名するにあたっては、Ｚについて除斥事由（９条２項各号）がないことを確認する必要があります。

Q9　弁明書、反論書について、教えてください。

説明

（１）弁明書とは、処分庁等が作成する書面であり、処分の内容とこれが適法・妥当であることを説明するものです。

審理員は、相当の期間を定めて、処分庁等に対して、弁明書の提出を求めます（29条２項。改正行審法において、処分庁等が弁明書を作成することが義務付けられることになりました。）。

弁明書には、次の内容を記載する必要があります（29条３項）。

① 処分についての審査請求に対する弁明書……処分の内容および理由

② 不作為についての審査請求に対する弁明書……処分をしていない理由並びに予定される処分の時期、内容および理由

処分庁が次の書面を保有する場合には、これらを弁明書に添付する必要があります（29条４項）。

①原処分に先立ち行われた聴聞手続の調書（行政手続法24条１項）および聴聞手続の主宰者の報告書（同条３項）

②原処分に先立ち提出された弁明書（行政手続法29条１項）

（２）反論書とは、弁明書に対する反論として、審査請求人が作成する書面です（30条）。審理員は、反論書を提出すべき相当の期間を定めることができます。実務上、通例、反論書の提出期限が指定されます。

反論書を作成するか否かは審査請求人の判断次第であり、弁明書と異なり、作成することは義務ではありません。もっとも、多くの事案において、審査請求人は反論書を作成し審理員に提出しています。

＜モデルケース＞

福祉事務所長Ｙは、審理員Ｚからの求めを受け、弁明書を作成し、審理員に提出します。福祉事務所長Ｙは、弁明書において、本件停止処分

の内容（Xに対する生活保護費の支給を2023年10月分より停止する旨の処分であること）およびその理由（Xが自動車を売却することを求める指導に従わないため本件停止処分を行ったことなど）を記載します。

福祉事務所長Yは、本件停止処分に先立つ弁明の機会の付与の手続において、Xから弁明書（行政手続法29条１項）が提出されている場合には、これを弁明書に添付します。その他、福祉事務所長Yは、必要に応じて、本件停止処分の理由となる事実を証する書類その他の物件（本件停止処分の通知書等）を提出します。

Xは、弁明書に対して反論が必要であると判断するときには、反論書を作成し、審理員に提出します。その際、Xは、証拠書類等（通院の記録等）を提出することもできます。

Q10　口頭意見陳述について、教えてください。

説明

（１）口頭意見陳述は、審査請求人が口頭で意見を述べる手続です。

審理員は、審査請求人（または参加人）から申立てがなされたときには、期日および場所を指定して、全ての審理関係人を招集して口頭意見陳述を開く必要があります（31条１項・２項)。審査請求人からの申立てが必要であること、審理員は口頭意見陳述の手続に全ての審理関係人を招集する必要があること、審理員が口頭意見陳述を実施する必要性がないと考える場合であっても開催しないとすることはできないこと（ただし、31条１項ただし書き。他方、行政不服審査会の調査審議における口頭意見陳述は、審査会が不要と判断した場合は、実施しないとすることができます。75条１項ただし書き。）が、この制度を理解するポイントです。

審理員は、申立人（行審法上、口頭意見陳述の申立てを行った審査請求人および参加人のことを、「申立人」といいます。31条１項）のする陳述が事件に関係のない事項にわたる場合、その他相当でない場合には、これを制限することができます（同条４項)。

（２）申立人は、口頭意見陳述の手続において、審理員の許可を得て、処分庁等に対して質問を行うことができます（31条５項)。申立人による質問権の規定が創設されたことは、2014年の行審法改正の目玉の一つです。審理員の許可が必要とされていますが、事件と関係のある質問であれば、基本的に許可をすることが予定されています。

申立人から質問がなされた場合、処分庁等は、できる限りその場で回答を行う必要があります。

（３）審理員は、口頭意見陳述の場において、審理関係人に対して、質問を行うこともできます（36条。上記(２)で述べた申立人が行う質問とは、根拠条文が異なります。)。

＜モデルケース＞

審理員Ｚは、Ｘより口頭意見陳述の申立てがなされた場合、口頭意見陳述の手続を行うことになります。

口頭意見陳述の手続において、Ｘは、事件に関する意見を述べるとともに、福祉事務所長Ａに対して（具体的には口頭意見陳述の手続に同席しているＣ福祉事務所の担当者に対して）、審理員Ｚの許可を得て、本件停止処分の根拠等について質問を行うこともできます。Ｃ福祉事務所の担当者は、Ｘからなされた質問に対し、できる限りその場で回答を行う必要があります。

審理員も、口頭意見陳述の手続において、ＸやＣ福祉事務所の担当者に対し、質問を行うことができます。

Q11　審理員意見書とは、どのようなものですか。

説明

（１）審理員は、審理手続を終結（41条１項・２項）したときは、速やかに、審理関係人に対し、審理手続を終結した旨、並びに、審理員意見書および事件記録を審査庁に提出する予定時期を通知します（同条３項）。

審理員意見書とは、審理員が、審理手続を終結（41条１項）したうえで遅滞なく作成することとされている、「審査庁がすべき裁決に関する意見書」です（42条１項）。

審理員は、審理員意見書を作成したときは、速やかに、事件記録とともに、これを審査庁に提出します（同条２項）。

審査請求人の手元には、審査庁が行政不服審査会等に対して諮問を行う場合には諮問を行った旨の通知を受ける際に（43条３項）、諮問を行わない場合には裁決書に添付される形で（50条２項）、審理員意見書の写しが届きます。審理員が審査請求人に対して審理員意見書を直接送付するという制度にはなっていないことについて、留意が必要です。

（２）審査庁は、審理員意見書の内容に拘束されるものではありませんが、裁決書の主文が審理員意見書と異なる内容である場合、裁決書においてその理由を説明しなければなりません（50条１項４号）。この説明義務を課すことで、審査庁において審理員意見書の内容を相当程度尊重することが期待されるという制度の建付けになっています。

＜モデルケース＞

審理員Ｚは、必要な審理を終えたと判断した段階で、審理手続を終結し、遅滞なく審理員意見書を作成します。審理員Ｚは、審査庁であるＡ県知事において、却下、棄却、または、認容のうちいずれの裁決をなすべきと考えるかを、理由とともに、審理員意見書に記載します。

審理員Ｚは、審理員意見書を作成した後、速やかに、事件記録とともに、これをＡ県知事に提出します。

Q12　行政不服審査会等について、教えてください。

説明

行審法は、審査請求の審理の公正性を高めるため、審査庁が裁決を行うに先立ち、原則として、第三者機関に相当する行政不服審査会等に対して諮問を行う制度を採用しました。

行審法は、審査庁が主任の大臣または宮内庁長官、内閣府設置法49条１項・２項若しくは国家行政組織法３条２項に規定する庁の長である場合にあっては総務省に置かれる行政不服審査会を、審査庁が地方公共団体の長である場合にあっては当該地方公共団体に置かれる執行機関の附属機関を、諮問をなす第三者機関としています（43条１項柱書）。行審法は、行政不服審査会と当該附属機関をあわせて「行政不服審査会等」との用語を用いています（43条１項４号）。当該附属機関がなす調査審議の手続については、行政不服審査会における調査審議の手続を定める74条ないし79条を準用しています（81条３項）。

行政不服審査会等においては、行政法研究者や弁護士など審査庁に属しない外部の者が委員とされており、公正な審理がなされることが期待されています。

＜モデルケース＞

各都道府県は行政不服審査会を設けています。

Ａ県知事は、裁決に先立ち、原則として、Ａ県が設置するＡ県行政不服審査会に対して諮問を行うことになります。

Q13 どのような場合に、行政不服審査会等に対して諮問がなされるのですか。

説明

（１）審理員意見書の提出を受けた審査庁は、次のいずれかにあたる場合を除き、行政不服審査会等に諮問を行うことになります。特に、審査庁において審査請求の全部を認容する場合には行政不服審査会等に諮問をすることを要しないとされていることは、制度を理解するにあたってのポイントです。

①原処分または裁決の際に第三者機関の議を経る場合（43条１項１号ないし３号）

②審査請求人から諮問を希望しない旨の申出がなされている場合（同項４号）

③行政不服審査会等によって諮問を要しないと認められている場合（同項５号）

④審査請求が不適法であり却下する場合（同項６号）

⑤審査請求の全部を認容する場合（同項７号・８号）

（２）審査庁が行政不服審査会等に諮問を行う場合には、審理員意見書および事件記録の写しを添えて行います（43条２項）。また、審査庁は、審査請求人等に対し、諮問をした旨を通知するとともに、審理員意見書の写しを送付します（同条３項）。

＜モデルケース＞

Ａ県知事は、審理員Ｚが作成した審理員意見書の内容を踏まえ、審査請求に対してどのような裁決をするか、検討することになります。この段階で、審査請求を全部認容すると判断する場合には、Ａ県行政不服審査会に対して諮問をせずに、裁決の手続に入ることができます（43条１項７号）。

Ａ県知事としてこの段階では審査請求を全部認容するとの判断はでき

ず、また、他の諮問を要しない事情がないときには、A県知事は、A県行政不服審査会に対し、諮問を行うことになります。

Q14 答申書とは、どのようなものですか。

説明

（1）答申書とは、行政不服審査会等が必要な調査審議の手続を終えた段階で作成する、審査庁からの諮問に対する回答書です。

（2）行政不服審査会等は、諮問に対する答申をしたときは、答申書の写しを審査請求人（および参加人）に送付するとともに、答申の内容を公表します（79条）。

（3）審査庁は、行政不服審査会等が作成した答申書の内容に拘束されるものではありませんが、裁決書の主文が答申書と異なる内容である場合、裁決書において、その理由を説明しなければなりません（50条1項4号）。この説明義務を課すことで、審査庁において答申書の内容を相当程度尊重することが期待されるという制度の建付けになっています。

＜モデルケース＞

　A県行政不服審査会は、必要な調査審議の手続を終えた後、答申書を作成し、これをA県知事に提出します。

　また、A県行政不服審査会は、答申書の写しをXに対して送付するとともに、当該答申の内容を公表します。

Q15　裁決について、教えてください。

説明

（１）裁決とは、審査庁が行う審査請求に対する最終の判断です。

裁決は裁決書によって行うこととされ、裁決書には次の各事項を記載し、審査庁が記名・押印します（50条１項）。

①主文

②事案の概要

③審理関係人の主張の要旨

④理由（①の主文の内容が審理員意見書または行政不服審査会等の答申書若しくは審議会等の答申書と異なる内容である場合には、異なることとなった理由を含む。）

（２）裁決の種別としては、審査請求が不適法であると判断するときになす却下裁決（45条１項、49条１項）、審査請求に理由がないと判断するときになす棄却裁決（45条２項、49条２項）、および、審査請求に理由があると認める認容裁決（46条１項、47条、49条３項）の３種類があります。

（３）認容裁決の「主文」は、「審査請求の趣旨」を踏まえた審査庁の結論に相当します。

ある処分の取消しを行う裁決を求める審査請求において、これを全部認容する場合には、「当該処分を取り消す。」との裁決になります。ある処分を求める不作為の審査請求を認容する場合には、不作為が違法または不当であることを裁決で宣言することになります（49条３項）。

（４）審査庁の最終の判断である裁決について、関係行政庁は拘束されます（52条１項）。関係行政庁は、裁決の内容に従った対応を取らなければなりません。

（５）再審査請求（⇒Q19）をすることができる裁決をする場合、審査庁は、裁決書に再審査請求をすることができる旨、再審査請求先および再審査請求期間を記載して、これらを教示しなければなりません（50条３項）。

＜モデルケース＞

Ｘが行った審査請求について、Ａ県知事は、最終の判断としての裁決を行うことになります。

Ａ県知事として、Ｘの審査請求に理由がないと判断するのであれば、審査請求を棄却することになります。この裁決に対してＸは再審査請求を行うことができるため、Ａ県知事は裁決書において、再審査請求ができる旨、再審査請求先は厚生労働大臣であることおよび再審査請求期間を記載しなければなりません。

Ａ県知事として、Ｘの審査請求を認容する場合には、「本件停止処分を取り消す」との主文になると考えられます。

Q16　執行停止の制度について、教えてください。

説明

（１）ある処分に対して審査請求をしたとしても、このことから直ちに、処分の効力が停止されるものではありません（25条１項）。これを「執行不停止の原則」といいます。

（２）処分庁の上級行政庁または処分庁である審査庁は、必要があると認める場合には、審査請求人の申立てまたは職権により、処分の効力、処分の執行または手続の続行の全部または一部の停止その他の措置をとることができます（25条２項）。これらを総称して「執行停止」といいます。

また、処分庁の上級行政庁または処分庁のいずれでもない審査庁においても、必要があると認める場合には、審査請求人の申立てにより、処分庁の意見を聴取した上で、執行停止をすることができます（25条３項）。

審査請求人の申立てがあった場合、重大な損害を避けるために緊急の必要があると認めるときは、審査庁は、執行停止をしなければなりません（25条４項本文）。ただし、公共の福祉に重大な影響を及ぼすおそれがあるとき、または、本案について理由がないとみえるときはこの限りではありません。

（３）審理員は、審査庁に対して、執行停止をすべき旨の意見書を提出することができます（40条）。

審理員から上記意見書が提出された場合、審査庁は、執行停止をするか否かについて判断をしなければならないこととされています（25条７項）。

＜モデルケース＞

Xが本件停止処分に対して審査請求を行ったとしても、このことから直ちに本件停止処分の効力が止まるものではありません。つまり、生活保護費の支給が停止されたままの状態が続くことになります。

Xとしては、このままでは日々の生活ができず日常生活に重大な支障が生じるなどとして、A県知事に対し、執行停止の申立てをすることが考えられます。この申立てがなされた場合、A県知事は、本件停止処分について執行停止をするか否かの判断をすることになります。

Q17　不服申立て前置とは、どのような考え方ですか。

説明

（１）不服申立て前置とは、ある処分を裁判で争うにあたって、審査請求を経てからでないと訴訟の提起ができないという仕組みをいいます。

審査請求と訴訟の関係について、行政事件訴訟法（以下「行訴法」という）８条１項本文は「処分の取消しの訴えは、当該処分につき法令の規定により審査請求をすることができる場合においても、直ちに提起することを妨げない。」として、いわゆる「自由選択主義」を規定します。すなわち、原則として、審査請求を経ずに、訴訟を提起することができます。

ただし、行訴法８条１項ただし書きは、「ただし、法律に当該処分についての審査請求に対する裁決を経た後でなければ処分の取消しの訴えを提起することができない旨の定めがあるときは、この限りでない。」として、法律に特別の定めがある場合には、審査請求に対する裁決を経た後でなければ、訴訟の提起ができない旨を定めています。ここにいう特別の定めをもって、不服申立て前置が定められている、などと表現されます。

（２）不服申立て前置の定めがある場合においても、次の場合には、審査請求に対する裁決を待たないで訴訟を提起することができます（行訴法８条２項各号）。

①審査請求があった日から３か月を経過をしても裁決がないとき（１号）

②処分、処分の執行または手続の続行により生ずる著しい損害を避けるため緊急の必要があるとき（２号）

③その他裁決を経ないことにつき正当な理由があるとき（３号）

（３）平成26年行審法改正の際に、不服申立て前置の定めが処分に対して争う際の選択肢を狭めているとして、大きな見直しがなされ、多くの不服申立て前置の定めが廃止されました。また、いわゆる二重前置の定め（審査請求に加えて、再審査請求を経てからでないと訴訟の提起ができない旨の法律の定め）は、すべて廃止されました。

現在においても、不服申立て前置が残っている個別法の定めは少なくはありませんが、不服申立て前置が残された理由について、大きくは次の４つに整理することができます。

①審査請求手続の一審代替性を理由とするもの

②大量性を理由とするもの

③審査請求手続における第三者機関の関与を理由とするもの

④その他特別の事情があるもの

＜モデルケース＞

生活保護法69条は、同法に基づき保護の実施機関がした処分について、不服申立て前置を規定しています。Xは、原則として、本件停止処分に対する審査請求を行い、A県知事の裁決を経てからでなければ、本件停止処分の取消しの訴えを提起することができません。

もっとも、Xにおいて、本件停止処分を受けたままでは日々の生活ができず日常生活に重大な支障が生じることになり、「著しい損害を避けるため緊急の必要があるとき」（行訴法８条２項２号）にあたるとして、（念のため審査請求をした上で、）直ちに訴訟を提起することも考えられます。

また、審査請求をしてから３か月以内に裁決に至るということは通例考えられないため、審査請求をしてから３か月待ち、そこから訴訟を提起するということも考えられます。

○　生活保護法

（審査請求と訴訟との関係）

第六十九条　この法律の規定に基づき保護の実施機関又は支給機関がした処分の取消しの訴えは、当該処分についての審査請求に対する裁決を経た後でなければ、提起することができない。

Q18　再調査の請求とは、どのような制度ですか。

説明

（１）再調査の請求は、処分庁以外の行政庁に対して審査請求をすることができる場合において、法律に再調査の請求をすることができる旨の定めがあるときに、処分庁に対して行うことができます（５条）。

再調査の請求を行うには個別法の定めが必要です。現在、個別法において再調査の請求の定めを用意しているのは、次の５つの法律のみです。

①関税法（昭和29年法律61号）89条１項

②とん税法（昭和32年法律37号）11条：①の規定を準用

③特別とん税法（昭和32年法律38号）６条：②の規定を準用

④国税通則法（昭和37年法律66号）75条１項２項

⑤公害健康被害の補償等に関する法律（昭和48年法律111号）106条１項

なお、再調査の請求ができるときには、行政庁（処分庁）は、処分の際に、再調査の請求ができること、再調査の請求をすべき処分庁および再調査の請求期間を教示する必要があります（82条１項本文）。

（２）再調査の請求は、審査請求の前段階に位置付けられます。審査請求をしたときは、再調査の請求はできません（５条１項ただし書き）。

再調査の請求を行った場合には、原則として、再調査の請求に対する決定を経た後でなければ、審査請求をすることができません（５条２項本文）。ただし、再調査の請求をした日の翌日から３か月を経過しても決定がなされない場合、および、決定を経ないことについて正当な理由がある場合には、審査請求が可能となります（同項ただし書き）。

（３）再調査の具体的な手続については、行審法54条から61条において定められています。ここでは、審理員の指名や行政不服審査会等への諮問はなされないなど、審査請求よりも簡略な手続となっており、最終的な判断は「決定」としてなされます。

＜モデルケース＞

生活保護法においては、再調査の請求の制度は定められていません。

したがって、Ｘは、本件停止処分について、福祉事務所長Ｙに対する再調査の請求を行うことはできません。

Q19　再審査請求とは、どのような制度ですか。

説明

（1）再審査請求は、行政庁の処分につき法律に再審査請求をすることができる旨の定めがある場合において、当該処分についての審査請求の裁決に不服があるときに、行うことができます（6条1項）。

再審査請求ができる旨を定める法律は多くありますが、大きくは、次の2つに分類することができます。

①専門技術的な審査を行う観点から、専門技術性を有する第三者機関を再審査請求先とするもの

……労働者災害補償保険法（昭和22年法律50号）38条1項の定める労働保険審査会に対して行うものなど

②地方公共団体が行う処分について法令の統一性の確保等の観点から、国（各省大臣等）を再審査請求先とするもの

……生活保護法66条1項の定める厚生労働大臣に対して行うものなど

（2）再審査請求は、個別法に特別の定めがなければ、原処分または原裁決、いずれに対して行うこともできます（6条2項）。ただし、原処分に対して行うことが一般的であるといえます。

再審査請求期間は、原則として、原裁決があったことを知った日の翌日から1か月以内とされています（62条1項本文）。審査請求期間よりも期間が短くなっているため、注意が必要です。

（3）再審査請求の具体的な手続については、行審法62条から66条が定めており（個別法に特別の定めがあれば、それによります。）、審査請求の手続と概ね同様となっています。再審査請求の手続においても、審査請求と同様、審理員の指名手続が用意されています（66条1項が9条1項を準用）。

ただし、再審査請求がなされる事案においては、原処分の段階、あるいは、審査請求の段階において、第三者機関または行政不服審査会等に対する諮問

を経ていることから、再審査請求の手続においては、行政不服審査会等への諮問の手続は用意されていません。

＜モデルケース＞

生活保護法66条は、再審査請求の制度を用意しています。

Ｘは、審査請求に対するＡ県知事の裁決に不服がある場合、生活保護法66条１項に基づき、裁決がなされたことを知った日の翌日から１か月以内に、厚生労働大臣に対して再審査請求を行うことができます。

○　生活保護法

（再審査請求）

第六十六条　市町村長がした保護の決定及び実施に関する処分若しくは第十九条第四項の規定による委任に基づいて行政庁がした処分に係る審査請求についての都道府県知事の裁決（略）に不服がある者は、厚生労働大臣に対して再審査請求をすることができる。

２　（略）

Q20　答申や裁決の公表について、教えてください。

説明

（1）行政不服審査会等は、答申をしたときは、答申の内容について公表するものとされています（79条、81条3項第1文）。

また、審査庁等、裁決等をする権限を有する行政庁は、当該行政庁がした裁決等の内容について公表するよう努めなければならないとされています(85条。努力義務に留められていることが、答申と異なります。)。

（2）総務省は、改正行審法の施行に合わせて、答申や裁決の公表を行うためのプラットフォームとして、「行政不服審査裁決・答申検索データベース」を用意しており、国の機関や自治体はこれを用いて答申や裁決を公表することができます。

ULR：https://fufukudb.search.soumu.go.jp/koukai/Main

ただし、答申や裁決の公表を行うにあたり、「行政不服審査裁決・答申検索データベース」を用いなければならないものではありません。特に自治体においては、このサイトを使わず、自身が運営するサイトにおいて、答申や裁決を公表しているところもあります。答申例や裁決例を調べたいときには、このことにも留意する必要があります。

（3）答申や裁決の公表にあたっては、当事者が特定されないための匿名化の作業が行われることになります。

（4）上記（2）のデータベースにおいては、裁決日や答申日、処分の根拠法令等による検索のほか、フリーワード検索もできます。2023年10月23日時点において、「行政不服審査裁決・答申検索データベース」における答申の掲載件数は7456件、裁決の掲載件数は9304件となっています。

＜モデルケース＞

A県行政不服審査会がなした答申の内容については、匿名化の作業を経て、「行政不服審査裁決・答申検索データベース」、A県が運営するサイトなどにおいて、公表されることになります。

A県知事がなした裁決について公表するか否かは、A県知事としての判断になります。

実務編

第1章　審査請求手続

審査請求書に具体的な主張が記載されていない場合の取扱い

Q21

審査請求人が提出した審査請求書において、対象となる処分は特定されているものの、理由の記載がほとんどないため、審査請求人が処分を違法・不当と主張する具体的な理由がよく分かりません。このような場合、審査庁としては、どのように対応すべきでしょうか。

A21

理由の記載が不十分、または不足しているという理由で補正を求めるべきではありません。審査請求の対象となる処分が特定されており、その他補正すべき事項がない場合は、審理員の指名等の手続を進めるべきです。

説明

審査請求書において処分が特定されていない場合は、審査庁において処分の特定を命ずる必要がありますが、対象となる処分は特定されているものの、審査請求書には、「処分は違法である」とか「取り消してほしい」といった結論だけが記載されていて、審査請求人がどういった理由で処分の取消しを求めているのか分からない場合があります。

このような事案について、審査庁の段階で却下（24条）することは適当ではありません。審査庁が審理員を指名する前に審査請求を裁決で却下することができるのは、補正を命じた期間内に補正をしない場合、および審査請求が不適法であって補正することができないことが明らかである場合ですが、理由の記載が不十分であることは審査請求が不適法である場合には当たらないためです。

たしかに、審査請求書には理由を記載する必要がありますが（19条２項４号）、どの程度の理由を記載するかについて法の定めはなく、むしろ、処分が適法であることの説明は処分庁においてなし得るはずであることからすれば、審査庁は審査請求人に対し、審査請求書の提出段階において詳細な理由の記載を命ずるべきではないといえます。

なお、ガイドラインにおいても、「『審査請求の趣旨及び理由』について、審査請求人が特段の主張なく処分の見直しを求めている場合、審査庁として審査請求人が何を理由に何を求めているのかをくみ取ることができる場合など、審理手続を進めることに支障がない場合は、補正させる意義に乏しいことから、運用上の取扱いとしては、補正を命じることは要しない」とされています。

なお、補正に関してではありますが、ガイドラインにおいて、「内容が要領を得ない審査請求書についての取扱いについては、単に審査請求人に補正を命じるだけでは適切な補正が行われないことも想定されるため、審査請求人の利便を図り、その後の手続を迅速に進める観点から、審査請求人や処分担当課室が属する部署に審査請求に至る経緯等を聞き取るなどにより対象となる処分等を確認し、必要となる補正の内容を明示した上で、補正の手続をとるという方法も考えられる」とあり参考になります（第１章３）。

審査請求は、審査請求人が弁護士等の代理人を選任せず本人自ら行うことが多い手続です。そのため、審査請求書にどこまで詳しい事情を書けばよいのか分からない、どういった内容を書くと意味があるのか分からないといったことが度々生じます。そういったとき、審査庁としては、具体的な主張が補充されるまでは手続を進めないとか、補充の書面が提出されているのに、それでは十分ではないといった応答を繰り返すといった審査請求人に対し過度な要求をするのではなく、処分の適法性・妥当性を説明すべき立場にあるのは処分庁であるという考え方に基づいて、審理員を指名する等の手続を進めていくのが適当であろうと考えます。

（濱　和哲）

審査請求として取り扱うべきか否かの判断

Q22

市役所に「審査請求書」というタイトルの書面が届いたのですが、内容は市長の施策に対する批判や市政に関する不満が書かれているばかりであり、具体的な処分に対する審査請求ではないと思われる内容となっています。審査庁としては、どのような対応をするのが適切でしょうか。

A22

市に対し「審査請求書」というタイトルの書面が提出されている以上、そこに記載された内容が市長や市政に対する批判であっても、提出者は審査請求をする意向を有していると考えられますので、審査請求として受け付けるべきです。その上で、対象となる処分の特定を欠く場合は、審査請求人に対し補正を求める必要があります。

説明

1　審査請求としての取扱い

市役所に届いた書面に「審査請求書」というタイトルが付されている以上、書面の提出者が審査請求をしたいという意図をもっている可能性が高いと考えられます。そのため、市（具体的には、審査請求事務を所管する部署）においては、まずは、提出された書面が行政不服審査法に基づく審査請求としてされたものであることを前提として、対応を考える必要があります。

審査請求は、「処分を対象とする場合（2条）」と「不作為を対象とする場合（3条）」があり、行審法19条2項は、処分についての審査請求書に記載すべき事項を法定し、同条3項は、不作為についての審査請求書に記載すべき事項を法定しています。市としては、「審査請求書」として提出された書面の記載全体をみて、まずは、これが処分を対象とする審査請求なのか、不作為を対象とする審査請求なのかを判断する必要があります。

設問の事例では、市長の施策に対する批判や市政に対する不満が書かれているばかりであるとされており、少なくとも、審査請求者が市（行政庁）に対し何らかの申請を行ったが応答がない、といったことへの不服を述べているようではないようです。不作為に対する審査請求は、あくまでも、①法令に基づき行政庁に対して処分についての申請をした者であること、②申請から相当期間が経過したことの要件を満たす必要がありますが（３条）、設問の事例は、少なくとも①の要件充足を前提とする審査請求ではなさそうですので、市としては、今回提出された審査請求書は、不作為に対する審査請求ではなく、処分を対象とする審査請求であると考えることになるでしょう。

２　処分の特定に関する判断

次に、審査請求においては、まずは「処分」が特定される必要があり（19条２項２号）、対象となる「処分」が特定されない限り、今回提出された審査請求が、果たして行政不服審査法上の要件を満たす審査請求であるか否かの判断をすることができません。そのため、審査請求書の記載から処分が特定されているかを確認する必要があるのですが、ここで注意すべきこととしては、処分の特定は、書面全体の記載としてなされていれば十分であるということです。多くのケースでは、インターネット上でダウンロードできる審査請求書のひな形を使うなどして、「審査請求に係る処分の内容」という記載に続けて、例えば、固定資産税の賦課決定処分であるとか、申請に対する拒否処分といった記載の仕方で処分を特定することが多いのですが、今回の審査請求書のように、一般的な書式ではない様式に書きたいことがひたすら書かれている、といった内容の書面であっても、全体としてみた場合、ある処分を特定することが可能であり、その処分に対し審査請求をする意図であることが十分に読み取れる場合、それはその処分に対する審査請求として取り扱う必要があります。一般的な書式に従っていない書面が提出された場合であっても、予断を持つことなく、書面全体をしっかりとみた上で、処分の特定がされているかの判断を行うべきであり、仮に、それでも処分が特定されているとはいえない、という場合は、補正を命ずるかどうかの判断に進むことになります。

なお、こういった一般的なひな形ではない書面においては、まれに、文章中に「直接意見を述べたい」といった趣旨の記載がされていることがあります。こういった記載については、口頭意見陳述の申立てを希望する趣旨を含む場合がありますので、当該記載を含む書面を審査請求書として受け付けるという場合は、口頭意見陳述の申立てをする意向かどうかもあわせて確認する必要があります。

3　補正を命ずるか否かの判断

設問の事例に戻ると、どうやら、審査請求書の記載だけからは、審査請求人が問題としたい処分を特定することは難しそうです。この場合、審査庁としては、補正を命ずるかどうかを判断する必要があります。

補正命令とは、審査請求書の記載が法定された内容と比較して不備がある場合にその是正を命ずることですが（23条)、補正を命じたとしても不備が是正されないことが明らかである場合は、そもそも補正を命ずる意味はなく、却下することになります（24条)。

本件において、書面の提出者が審査請求を求めている可能性は高いので、いきなり審査庁において却下するのではなく、できれば、いったんは補正を命ずる（具体的には、補正を命ずる旨の書面を審査請求人に送付し、期限を決めて､処分の特定や審査請求の趣旨といった法定記載事項の追加を命ずる）方法をとるのが望ましいと考えます。それでも、審査請求人から補正がされないか（24条１項)、または、補正することができないことが明らかである場合（同条２項）には、審査庁として却下をすることになります。

（濱　和哲）

審査庁却下すべきか否かの考え方

Q23　審査請求に関する本案前の要件（処分性、審査請求期間の徒過、審査請求人適格など）について一義的な判断が難しい（明らかに却下事案であるとの判断ができない）事案があった場合、審査請求書を受け付けた審査庁としては、審査庁却下するかどうかについて、どのように判断するべきですか。

A23　本案前の要件の充足に関し一義的な判断が難しい場合は、慎重な審理を期すため、審査庁は審理員を指名して、審理員のもとで本案前の要件の充足に関する審理を行うべきです。

説明

審査請求に関しては、行政事件訴訟と同様、「本案前の要件」といわれる要件があり、本案前の要件を充足している場合に本案の審理（処分が適法・妥当であるか否かの判断）を行うものとされています。

本案前の要件とは、いわば審査請求を門前払いとするべきか否かの要件（本案前の要件が充足しない審査請求は却下となる）であり、例えば、次のような要件があげられます。

①処分性

審査請求人が対象とする「処分」が「行政庁の処分その他公権力の行使に当たる行為」（１条２項）にあたるか否かに関する論点を「処分性」といいます。

審査請求人は、特定の行政庁の行為が「処分」であることを前提として審査請求をしているわけですが、審査請求人が対象とした行為が行政不服審査法における「処分」に該当しない場合、審査請求は却下されることになります。

②審査請求期間の徒過

処分に関する審査請求は、処分があったことを知った日の翌日から起算して３か月以内にする必要があります（18条１項）。ただし、３か月を経過したことにつき正当な理由がある場合は除かれます（同条１項ただし書き）。

また、同じく処分に関する審査請求は、処分があった日の翌日から起算して１年を経過した場合にはすることができません（18条２項）。ただし、正当な理由がある場合は、除かれます。

このように、処分に関する審査請求には期間制限がありますので、期間制限を超えてなされた審査請求は、正当な理由がない限り、却下されることになります。

③審査請求人適格

処分の名宛人が行う審査請求に関しては通常は問題にはなりませんが、例えば、処分の名宛人ではない第三者が審査請求を行う場合、そもそも、その者が審査請求を行う資格（適格性）があるのかが問題となります。行政事件訴訟においては「原告適格」として論じられる要件ですが、審査請求においても同様の問題が生ずる場合があります。

ガイドラインでは、審査請求をなし得る者（２条に規定する「行政庁の処分に不服がある者」）の範囲は、行政事件訴訟法９条に規定する原告適格を有する者の具体的範囲と同一であるとされており、当該処分により自己の権利若しくは法律上保護された利益を侵害されまたは必然的に侵害されるおそれがある者（最判昭和53年３月14日民集32巻２号211頁）との説明がされています（第２編第１章２③）。

仮に審査請求人において、審査請求人適格がないという場合、審査請求は却下されます。

このように、本案前の要件はいくつかありますが、例えば、「処分性」を例にとってみても、最高裁判決によってすでに処分性が明確に否定されており、かつ当該判例の射程が及ぶことが明らかな事案は別として、そうではない事案では、処分性の有無が問題となった場合、法的評価としての判断に迷う事例は多くあります。そのほか、審査請求期間の徒過に関しても、正当な理由の有無が問題となる場合は、審理員としては、その有無を判断するにあたって双方の主張をしっかりと把握した上で行う必要があります。

このように考えると、本案前の要件について、一義的な判断が難しい事案に関しては、審査庁としては補正を命ずる等の対応ではなく、審理員を指名して、審理員による審理のもとで本案前の要件の充足に関する審理を行うことが望ましいといえます。

（濱　和哲）

審査請求と訴訟との関係

Q24

審査請求書において、審査請求人は別途、取消訴訟を提起していると記載されています。この場合、審査請求の手続はどのように進めればよいのでしょうか。訴訟を提起しているのですから、できれば裁判所の判決を待ちたいと考えていますが、審査請求の手続を止めてもよいものでしょうか。

A24

審査請求と訴訟は別個の手続ですので、訴訟が提起される、または提起されたことを理由に、審査請求の手続を止めることはできません。

説明

１　取消訴訟の提起と審査請求前置

行政処分について不服がある場合であっても、審査請求を先に経なければ行政処分に対する取消訴訟を提起することができない場合については、裁判所に取消訴訟を提起したとしても、訴訟要件を欠くとして却下されることになります。このように、行政処分の取消訴訟に先立って、審査請求を経る必要がある場合のことを「審査請求前置」といいます。

行政事件訴訟法８条１項は、「処分の取消しの訴えは、当該処分につき法令の規定により審査請求をすることができる場合においても、直ちに提起することを妨げない」としています。これを自由選択主義といいますが、行政事件訴訟法は、その例外として、「法律に当該処分についての審査請求に対する裁決を経た後でなければ処分の取消しの訴えを提起することができない旨の定めがあるときは、この限りでない」との定めを置いています（行政事件訴訟法８条１項ただし書き）。一般に、ただし書きにおける場合を「審査請求前置」というのですが、法律の規定上は、原則として、審査請求をすることができる事案であっても、審査請求を経ることなく裁判所に対し取消訴訟を提起することは可能である、ということになります。そのため、設問の事例のように、審査請求書が提出された時点において、すでに、取消訴訟も提起されていたという事象が生じることもあり得ることになります。

2　審査請求と取消訴訟が併存する場合

上記１の場合のほか、行政事件訴訟法８条２項に基づく場合は、審査請求と取消訴訟が併存することになります。すなわち、審査請求前置の事案については、審査請求に基づく裁決を経なければ取消訴訟を提起することができないのですが、同条２項各号に定める場合においては、審査請求または裁決を経ないで取消訴訟を提起することが可能となります。

同条２項は、①審査請求があった日から３か月を経過しても裁決がないとき、②処分、処分の執行または手続の続行により生ずる著しい損害を避けるため緊急の必要があるとき、③その他裁決を経ないことにつき正当な理由があるとき、を定めていますが、実務上、比較的あり得るのは①の場合です。

審査請求をした場合、事案の内容にもよりますが、審理員が指名され具体的な審理が行われる場合においては、裁決までに半年から１年程度の期間を要することも多くあります。少なくとも、３か月以内に裁決がされることは極めてまれであると考えられますので、形式的には①の要件を充足する場合は多くあることになります。

実務上、審査請求書を審査庁に提出した後、３か月を経たからといって、直ちに取消訴訟を提起している例が多いとまではいえませんが、そういった例がないわけではなく、その場合は、審査請求の審理と裁判所における取消訴訟の審理が併存することになります。実際の例として、行政不服審査法に基づく審査請求の例ではありませんが、課税処分に対する審査請求（国税の場合は国税不服審判所に対する審査請求として行う）に関し、審査請求後３

か月を経過したことを理由として、裁判所に対し課税処分の取消訴訟を提起する例は相当数あります。この場合は、審査請求における審理と裁判所の取消訴訟の審理が並行して行われることになります。

3　取消訴訟が併存する場合の審査請求の審理

審査請求と取消訴訟が併存している場合であっても、審査請求手続は訴訟とは別個の手続である以上、訴訟のスケジュールとはまったく別に独立して進めていく必要があります。行政事件訴訟法8条3項は、審査請求と取消訴訟が併存している場合について、審査請求についての裁決があるまでは、訴訟手続を中止することができるとしています。このことからしても、手続が併存したことを理由に審査請求手続を止めてしまうことは、法の趣旨に反する（訴訟手続が中止している場合に、審査請求手続も止めてしまうとなれば、両方の手続が進行しないことになる）ということが分かります。

審査請求手続を進める立場の者（例えば、審理員）としては、訴訟手続の進捗は確かに気になりますし、場合によっては、処分庁を通じてそれを確認することもできなくはないですが、あくまでも別個の手続であるという理解で審理を進める必要があり、少なくとも、審査請求の手続を止めることはできません。

（濱　和哲）

審査請求期間を徒過した場合の正当な理由

Q25　審査請求期間を経過した場合でも審査請求が認められる「正当な理由」（行審法18条１項２項）とは、具体的にどのような場合でしょうか。審査庁として、ある程度柔軟に判断することは許されるのでしょうか。

A25　教示に不備があった場合等がこれにあたりますが、審査請求人にとって有利に取り扱う場合であれば、「正当な理由」の判断にあたり、審査庁が多少柔軟な判断を示しても差し支えないと考えます。

説明

１　「正当な理由」に関する具体例

行審法18条１項は、「処分についての審査請求は、処分があったことを知った日の翌日から起算して３月（略）を経過したときは、することができない」としています。そのため、処分に関する審査請求についての審査請求期間は「３か月」が原則となります。他方、行審法18条１項ただし書きは、審査請求の期間制限に関し、「正当な理由があるときは、この限りでない」とし、処分があったことを知った日の翌日から起算して３か月を経過した場合であっても、審査請求ができる旨（主観的請求期間の例外）を定めています。

また、行審法18条２項は、「処分についての審査請求は、処分（略）があった日の翌日から起算して１年を経過したときは、することができない」としつつ、その例外として、「ただし、正当な理由があるときは、この限りではない」（２項ただし書き）としています（客観的請求期間の例外）。

改正前の旧行審法14条１項は、主観的請求期間の例外を天災その他「やむを得ない理由」があるときと規定していましたが、改正により「正当な理由」に改められました。「正当な理由」は、「やむを得ない理由」よりは広い概念であると解されていますので、改正によって主観的請求期間の例外の範囲が広がったことになります。

主観的請求期間の例外である「正当な理由」については、「主観的審査請求期間を設けた趣旨に加え、審査請求期間の徒過による不利益を審査請求人が自ら甘受すべき事情の有無等の諸事情をも勘案する必要がある」とされており（小早川光郎・高橋滋編『条解行政不服審査法（第２版）』（弘文堂、2020年）117頁）、教示に不備があり、審査請求人が他の方法で正しい審査請求期間を知ることができなかったような場合であれば、「正当な理由」にあたると解してよいとする見解があります（宇賀克也『行政不服審査法の逐条解説（第２版）』（有斐閣、2017年）96頁）。

2　正当な理由の判断の仕方

設問では、審査庁が「正当な理由」をある程度柔軟に判断してよいかが問われています。

「正当な理由」は、行政事件訴訟法における出訴期間の制限と同様に解するべきであり、審査請求の場面についてのみこれを柔軟に解するのは適当ではないとの考え方もあり得るところです。

しかし、審査請求は、行政事件訴訟とは異なり、「簡易迅速かつ公正な手続の下で広く行政庁に対する不服申立てをすることができるための制度」であるから、正当な理由の有無が微妙であるような事案であっても、審査請求を却下してしまうのではなく、あくまでも、主観的請求期間の充足を前提として、本案の審理を行うということはあってよいと考えます（ただし、ガイドラインにもあるとおり、業務の繁忙、病気、出張などの事情は「正当な理由」にはあたりません）。

なお、本案前の要件が問題となる事案における本案の審理について補足すると、最終的に、審査請求を認容する（処分を取り消す）可能性がある場合は、本案前の要件の充足はより慎重に行うべきことになりますが、仮に、審査請求を棄却するという判断である場合は、あえて本案の判断をせず却下するとする必要はなく、本案の審理をした上で審査請求には理由がない旨を明示することが、事案の解明または審査請求人の納得という観点から望ましいともいえます。

以上は、審査請求に対する一つのスタンスではありますが、少なくとも、棄却が見込まれる事案に関しては、本案前の要件の不充足を理由とした却下をしてしまうのではなく、本案の審理を進めることはあってよいと考えます。

（濱　和哲）

第2章　審理員の指名

審理員に必要な資質

Q26　審理員には、どのような能力や技術が必要でしょうか。また、そうした知識や技術を得るために、何をすればよいでしょうか。

A26　審理員には、行政法全般に関する知識やこれを解釈適用する能力、争点を整理しながら的確に審理を進行する技術、証拠に基づき事実を認定する能力等が必要です。

また、これらを得るためには、行政法についての学習を継続的に行うとともに、法律の専門家等が実施する研修等に参加するなどして、能力と技術の研鑽をするのがよいと思われます。

説明

1　審理員

審査請求がなされた場合、審査庁は、一定の場合を除き、審査庁に所属する職員のうちから審理手続を行う者を指名することとされています（9条1項)。この審理手続を行う者として指名された者を審理員といいます（11条2項)。

平成26年改正前行審法においては、審査請求の審理を主宰する者についての規定がなく、原処分に関与した職員が審理を行うことも排除されていないなど、審理手続において、制度上、公正性や中立性が十分に確保されているとはいえませんでした。

そこで、平成26年行審法改正により、審理手続の公正性を向上させる目的で、審査庁が、原処分に関与した者など一定の除斥事由（9条2項各号）に該当しない職員を審理員として指名し、その審理員が審理手続を主宰することとする審理員制度が取り入れられたのです。

2　審理員の職務

審理員は、上記のとおり、審査請求における審理手続を主宰する者です。

具体的には、審理員は、指名された後、処分庁に対して、相当の期間を定めて弁明書の提出を求める必要があります（29条2項）。また、処分庁から弁明書が提出された後、審理員は、これを審査請求人および参加人に送付します（29条5項）。そして、審理員は、審査請求人に対して、反論書の提出を促すのが通例です（30条1項）。

審理員は、その後も、必要に応じて処分庁や審査請求人に対して書面の提出の機会を与え、物件の所持者に対してその物件の提出を求めたり（33条）、参考人に対して事実の陳述を求めたり（34条）、必要な場所について検証を実施したり（35条）、審理関係人に質問をしたり（36条）します。

また、審理員は、審査請求人または参加人から口頭意見陳述の申立てがあった場合には、期日および場所を定めて審理関係人を招集して、その機会を設ける必要があります（31条1項・2項）。この場合には、審理員が、口頭意見陳述の手続を主宰する必要があります。

そして、審理員は、必要な審理を終えたと認めるときは審理手続を終結し（41条1項）、遅滞なく、審査庁がすべき裁決に関する意見書、すなわち審理員意見書を作成しなければなりません（42条1項）。

このように、審理員は、事案に応じて的確に審理手続を主宰するとともに、争点や証拠を整理して、事実認定や法の解釈適用を行う必要があります。

3　審理員に必要な能力や技術

以上のような審理員の職務の内容からすると、審理員には、法律全般についての知識と理解が必要です。特に、行政法については、実体法のみならず、手続法についての理解も不可欠でしょう。加えて、審理員は、行審法に基づいて審理手続を進める必要があるため、行審法についての正確な知識も不可欠です。

また、審理員は、迅速かつ的確に審理を進めるために、争点および証拠を整理したり、審理関係人と協議をし、必要に応じて審理関係人に対して指示を出したりする技術が必要です。

さらに、審理を進めるうちに、行審法の条文やガイドラインを調べても記載されていない事態が発生することもあり得ます。このような場合、審理員は、裁量を行使し、職権で行うことができる手続を進めたり、審理関係人に対して指示をしたりするなどして、柔軟かつ適切に事態に対処し、審理を進める能力が求められます。

4　審理員として必要な知識や技術を得るための方法

審理員が、必要な知識を修得したり、能力や技術を磨いたりするためには、法律全般、特に行政法に関する学習を継続的に行う必要があります。

また、弁護士をはじめとした法律の専門家等による研修を受けたり、行政不服審査制度に関する意見交換会に参加したりして、不断に能力や技術を磨く必要があるでしょう。

（和田　浩）

審理員の指名時期

Q27　審査庁は、審査請求がなされた場合、審理員をいつ頃指名すればよいでしょうか。

A27　行審法上、審理員の指名時期についての定めはありませんが、審理手続の迅速性、公正性、透明性等の観点からすると、審査庁は、審査請求がなされた後、速やかに審理員を指名する必要があるでしょう。

説明

1　審理手続の指名時期についての定め

審査請求がなされた場合、審査庁は、行審法上、審理員の指名を要しないとされる一定の場合を除き、審査庁に所属する職員のうちから、審理手続の主宰者となる審理員を指名することとされています（９条１項)。

したがって、審査庁は、審査請求がなされた後、審理員の指名を要しないとされる場合を除き、審理員を指名する必要がありますが、審理員を指名する時期について、行審法に規定はありません。

2　速やかに審理員を指名することの必要性

もっとも、審理員の指名を要する場合、審理手続の主宰者は審理員であり、審理員が指名されない限り、審理手続を進めることができません。そのため、審理手続を迅速に進めるためには、速やかに審理員が指名される必要があります。

また、速やかに審理員が指名されない場合には、審査請求人が、公正性や透明性に疑いを抱く可能性も生じます。

そこで、審理手続の迅速性、公正性、透明性等の観点から、審査庁は、審査請求がなされた後、速やかに審理員を指名する必要があると考えるべきです。ガイドラインにおいても、「審理手続は審理員が行うものであることに留意し、審査庁は速やかに指名を行うことが望ましい」と記載されています(第２編第２章２ア(１))。

審査庁は、行審法に規定がないことを理由として、審理員指名に時間をかけるべきではありません。具体的には、審査庁は、審査請求後１か月以内には審理員を指名するのが望ましいと思われます。

（和田　浩）

弁護士を審理員に指名する場合の任用形式

Q28　行審法上、審理員は、審査庁の職員の中から指名することとされていますが、審査庁の職員ではない弁護士を審理員に指名するためには、どのような種類の職員として任用すべきでしょうか。

A28　会計年度任用職員として任用するのが相当です。

説明

1　審理員

審査請求がなされた場合、審査庁は、行審法上、審理員の指名を要しないとされる一定の場合を除き、審査庁に所属する職員のうちから、審理手続の主宰者となる審理員を指名することとされています（9条1項）。

2　審理員の職務

審理員は、処分庁や審査請求人に対して、それぞれ弁明書や反論書などの書面の提出を求めたり（29条2項、30条1項）、必要に応じて、物件の提出要求（33条）、参考人の陳述の要求（34条）、場所の検証（35条）、審理関係人に対する質問（36条）をしたりします。

また、審理員は、審査請求人または参加人から口頭意見陳述の申立てがあった場合には、期日および場所を定めて審理関係人を招集して、その機会を設け（31条1項・2項）、その手続を主宰する必要があります。

そして、審理員は、最終的には、必要な審理を終えたと認めるときに審理手続を終結し（41条1項）、遅滞なく審理員意見書を作成しなければなりません（42条１項）。

3　審理員に必要な能力や技術

以上のような審理員の職務の内容からすると、審理員には、法律全般についての知識と理解が必要です。特に、行政手続法や行審法も含めた行政法全般についての知識が不可欠です。

また、審理員は、迅速かつ的確に審理を進めるために、争点および証拠を整理したり、審理関係人と協議をし、ときには指示を出したりする技術が必要になりますし、柔軟な対応力も必要になります。

審理員に必要な能力や技術については、Q26も参照してください。

4　弁護士の指名

以上のように、審理員には、高度の法的知識や技術が不可欠ですが、審査庁において、審理員としての役割を十分に担うだけの高度の法的素養を備えた職員が存在するとは限りません。

そこで、審査庁において、法律の専門家である弁護士を審理員として指名する方法が考えられます。実際に、弁護士を審理員に指名する例は少なくありませんし、ガイドラインにおいても、「弁護士等外部の有識者を任期付職員や非常勤職員として任用した上で審理員に指名する方法も考えられる」とされています（第２編第２章２ア(１)）。

5　弁護士を指名する場合の形式

行審法９条１項において、審査庁は、審査庁に所属する職員のうちから審理員を指名することとされていることから、外部の弁護士を審理員に指名するためには、まずは当該弁護士を審査庁の職員として任用することが必要になります。

そして、地方自治体において、審理員として指名するために外部の弁護士を任用する場合、考えられる任用形式は、会計年度任用職員（地方公務員法

22条の２第１項１号）と、特別職に属する地方公務員（同法３条３項３号。以下「３号特別職」といいます。）の２つです。

まず、会計年度任用職員は、2020（令和２）年４月に施行された改正地方公務員法により導入された、一般職の非常勤職員です。

他方、３号特別職は、「臨時又は非常勤の顧問、参与、調査員、嘱託員及びこれらの者に準ずる者の職（専門的な知識経験又は識見を有する者が就く職であつて、当該知識経験又は識見に基づき、助言、調査、診断その他総務省令で定める事務を行うものに限る。）」（同法３条３項３号）です。2020（令和２）年４月の地方公務員法改正以前は、条文上、かっこ書きが存在しませんでしたが、改正により、かっこ書きが付け加えられました。これにより、３号特別職の範囲が、厳格化されました。

これに関して発出された総務省自治行政局公務員部による「会計年度任用職員制度の導入等に向けた事務処理マニュアル（第２版）」において、３号特別職が行う事務は「助言、調査、診断又は総務省令で定める事務」に限られ、これに該当しない事務は会計年度任用職員が従事すべき事務として整理する必要があるとされています。

そして、審理員の事務は、「助言、調査、診断」には該当しないと考えられ、総務省令で定める事務（地方公務員法第３条第３項第３号の総務省令で定める事務等を定める省令１条）にも該当しません。

したがって、地方自治体において、外部の弁護士を審理員に指名する場合、当該弁護士を会計年度任用職員（地方公務員法22条の２第１項１号）として任用するのが相当です。

会計年度任用職員制度が導入される以前は、審理員として指名される弁護士は、３号特別職として任用されるケースも多かったのですが、2020（令和２）年４月の地方公務員法改正後は、多くの自治体において、会計年度任用職員として任用されています。

（和田　浩）

審理員の職務を補助するために審理員事務を弁護士に委託することの可否

Q29

審査庁の職員を審理員として指名する一方、審理員の職務を補助するために、審理員事務を外部の弁護士に委託することはできますか。

A29

審理員事務を外部の弁護士に委託することは可能であると思われます。もっとも、審理員事務を外部の弁護士に委託することに、それほど大きなメリットはないと思われます。

説明

1　審理員

審査請求がなされた場合、審査庁は、行審法上、審理員の指名を要しないとされる一定の場合を除き、審査庁に所属する職員のうちから、審理手続の主宰者となる審理員を指名することとされています（9条1項)。

2　審理員の職務および必要な資質

審理員は、迅速かつ的確に審理手続を主宰し、最終的には審理員意見書を作成する必要があります。また、このような職務の内容からすると、審理員には、高度な法的素養や、審理関係人と協議しながら的確に審理を進めていく調整能力、柔軟な対応力等が必要になります。

3　審理員補助者

ところで、審理員は、自らの名において審理手続を行う必要がありますが、全ての事務を自ら実施することまで要求されているわけではなく、提出書類の整理・保管や、審理手続の日程調整、文書の発送等、その事務の一部を他の職員に補助させることも可能であると考えられています。

ガイドラインにおいても、「実務上、審理員が行う事務の一部を、審理員の指示の下、他の職員に補助させることは、排除されていないものと考えられる」と記載されています（第２編第２章３）。

4　弁護士の活用

審理員には、法的な知識や技術が不可欠ですが、審査庁において、審理員としての役割を十分に担うだけの高度の法的素養を備えた職員が存在するとは限りません。そこで、このような場合、法律の専門家の知識や技能を活用することが考えられます。

その一つの方法として考えられるのが、外部の弁護士に審理員事務を委託する方法です。

先に述べたように、ガイドラインにおいては、審理員補助者の活用は排除されないものと考えられる旨記載されていますが、外部の弁護士が審理員補助者となることの可否についての明示的な記載はありません。

他方、平成26年改正行審法の施行状況の検討を実施した「行政不服審査法の改善に向けた検討会」（以下「検討会」といいます。）は、2022（令和４）年１月、「検討会　最終報告」において、「運用上、小規模な地方公共団体においては審理員の適切な確保に困難を生じている事例が確認できるほか、十分な審理が尽くされていない、審理員意見書の作成が困難である等の目標が十分に達成されていない事例が見られる」と指摘しました。

続けて、検討会は、「審査庁が地方公共団体である場合は、総務省において、審理員の質の向上を図るため（中略）審理員事務の委託の具体例・工夫例を広く普及させること（中略）ができるよう、各士業団体からの協力を得ながら、審理員候補者及び審理員補助者をあらかじめ確保し、地域や組織の枠を超えて審査庁の求めにより迅速に派遣する仕組みを設けるよう措置を講じる」（35頁以下）と述べています。

すなわち、ここでは、外部の弁護士に対する審理員事務の委託が可能であることが前提とされていると考えられます。

他方、行審法その他の法令上、審理員事務を外部の弁護士に委託することを禁止する規定は存在しないと思われます。

したがって、あくまでも審査庁に属する職員が審理員として審理を行うことを前提としつつ、審理員が行う事務を外部の弁護士に委託することも可能であると思われます。

5　留意すべき点

審理員事務を外部の弁護士に委託するとしても、自らの名において審理を主宰するのは、あくまでも審査庁に属する職員である審理員です。

すなわち、審理員事務の委託を受けた外部の弁護士は、あくまで審理員の指示の下で審理員を補助する立場にとどまり、審理員に代わって審理を進めたり、審理員意見書を作成したりすることができるわけではありません。ガイドラインにおいても、「審理の進行や審理員意見書の作成等、法律上審理員に付与された権限の行使に係る事務が、実質的に審理員補助者の判断により行われることは、審理員制度の趣旨を没却するものであり、適当でない」とされています（第２編第２章３）。

したがって、審理員事務を外部の弁護士に委託した場合、審理員が、当該弁護士から審理手続等について簡単な助言を受けること等は可能であるとしても、審理を主宰し、審理員意見書を作成するのは、審理員にほかならないことに留意する必要があるでしょう。

このような観点からすると、審理員事務を外部の弁護士に委託することに、それほど大きなメリットはないと思われます。したがって、審査庁が、審理手続において外部の専門家の協力を得たいと考える場合には、審理員事務を弁護士に委託するのではなく、弁護士を審理員に指名するのが望ましいでしょう。

（和田　浩）

審理員の複数選任の可否

Q30 審査庁の職員のみでは不安な場合、審査庁の職員とあわせて弁護士を審理員に指名するなどして、複数の審理員により審理手続を進めることは可能でしょうか。

A30 行審法上、審理員の人数は制限されていないため、複数の審理員を指名して審理手続を進めることが可能です。

説明

1　審理員

審査請求がなされた場合、審査庁は、行審法上、審理員の指名を要しないとされる一定の場合を除き、審査庁に所属する職員のうちから、審理手続の主宰者となる審理員を指名することとされています（９条１項）。

2　審理員の人数

行審法９条１項は、「審査庁に所属する職員」から審理員を指名することを定めている一方、指名される審理員の人数については、何ら制限していません。

他方、行審法施行令１条１項は、「審査庁は、行政不服審査法（略）第９条第１項の規定により二人以上の審理員を指名する場合には、そのうち一人を、当該二人以上の審理員が行う事務を総括する者として指定するものとする」と規定しています。すなわち、ここでは、複数の審理員が指名され得ることが前提とされていますので、行審法自体が、複数の審理員の指名を当然に許容していることになります。

ガイドラインにおいても、「審査庁は、１つの事件につき複数の職員を審理員に指名するときは、当該審理員が行う事務を総括する者を併せて指定」、「管理職級の職員と専門的知識を持つ職員とを組み合わせて指名する方法も考えられる」等の記載があり（第２編第２章２ア(１))、ここでも複数の審理員の指名が可能であることが前提とされていることがわかります。

したがって、審査庁において、複数の審理員を指名することが可能です。そして、この場合、審査庁は、複数の審理員のうち１名を、審理員事務を総括する者として指定する必要があります（行審法施行令１条１項)。

3　複数指名する場合の審理員

審理員は、事実認定、争点整理、法の解釈適用等を行う必要があり、高度の法的素養が求められることからすると、審理員を複数指名する場合には、審査庁の職員のほかに、法律の専門家である弁護士等を任用した上で審理員に指名することが、十分考えられるところです。

また、審査庁の職員と弁護士が、それぞれの知識や経験を相互に補完することにより、迅速かつ公正な手続が実現する可能性も高まると思われます。

実際に、審査庁の職員と弁護士が審理員に指名された実例も報告されています。

（和田　浩）

審理員の追加選任

Q31

審査庁の職員を審理員に指名して審理を進めていたものの、事実認定、法解釈、法適用等が難しい事案であることが判明し、指名された審理員のみで審理を進めるのが困難になってしまいました。このような場合には、どのように審理を進めるのがよいでしょうか。

A31

弁護士等の専門家を追加で審理員として指名し、複数の審理員により審理を進めるのがよいと思われます。

説明

1　審理員

審査請求がなされた場合、審査庁は、行審法上、審理員の指名を要しないとされる一定の場合を除き、審査庁に所属する職員のうちから、審理手続の主宰者となる審理員を指名することとされています（９条１項）。

2　審理員の人数

行審法上、審理員の人数を制限する規定は存在しない一方、行審法施行令１条１項は、「審査庁は、行政不服審査法（略）第９条第１項の規定により二人以上の審理員を指名する場合には、そのうち一人を、当該二人以上の審理員が行う事務を総括する者として指定するものとする。」と規定しており、ここでは、複数の審理員が指名され得ることが前提とされていることから、審査庁は、複数の審理員を指名することが可能です。

3　審理の途中で事実認定、法解釈、法適用等が難しい事案であることが判明した場合

審理員が審理を進めていくうちに、事実認定、法解釈、法適用等が難しい事案であることが判明することがあります。そして、法律の専門家ではない地方自治体等の職員が審理員に指名されているような場合、そうした難しい事案において、指名された審理員が的確に争点を整理し、事実認定をし、法を解釈適用することは簡単ではありません。

また、行審法上、審理手続の途中で審理員を追加指名することを制限する規定も存在しません。

そこで、このような場合には、法律の専門家である弁護士等を任用し、追加で審理員に指名することを検討すべきです。そして、もともと指名されていた審理員と、追加で指名された審理員とで協働して審理手続を進め、審理員意見書を作成することが考えられます。

実際に、審理手続の途中で弁護士が追加で審理員に指名された実例も報告されています。

（和田　浩）

審理員の除斥事由

Q32

審理員の除斥事由とはどのようなものですか。また、審理員指名後に、当該審理員につき除斥事由該当性が判明した場合には、どのように対処すべきでしょうか。

A32

審理員には、中立性、公正性が求められます。そのため、行審法は、審査請求人と一定の関係がある者など、類型的に中立性、公正性に問題が生じうる者については、審理員に指名できないこととされています。これが審理員の除斥事由です。

また、審理員指名後に当該審理員につき除斥事由該当性が判明した場合、審査庁は、当該審理員の指名を取り消す必要があり、これにより審理員が不在となる場合には、速やかに後任の審理員を指名する必要があります。

説明

1　審理員

審査請求がなされた場合、審査庁は、行審法上、審理員の指名を要しないとされる一定の場合を除き、審査庁に所属する職員のうちから、審理手続の主宰者となる審理員を指名することとされています（9条1項)。

この審理員制度は、審理手続の公正性を図る目的で、平成26年行審法改正により導入された制度であり、審理員は、中立的な立場で審理を進めることが期待されています。

2　審理員の除斥事由

以上のとおり、審理員には、中立性、公正性が求められます。そのため、審査庁は、原処分に関与した者や、審査請求人と一定の関係がある者など、類型的に中立性、公正性に問題が生じうる者については、審理員に指名できないことになっています。

具体的には、行審法9条2項各号に、審理員の除斥事由が定められています。例えば、原処分を行うために立入調査を行うなどして原処分に関与した者（9条2項1号)、審査請求人の配偶者、四親等内の親族または同居の親族（同項3号)、審査請求人の後見人等（同項6号）が、これらに該当します。審査庁は、これらの除斥事由に該当する者を、審理員に指名することはできません。

3　審理員指名後に除斥事由が生じた場合

審理員指名時には除斥事由に該当する事実がなかったものの、審理員指名後に除斥事由に該当する事実が発生することもあり得ます。

このような場合、指名された審理員による審理手続を進めると、審理手続の中立性、公正性を確保できないことから、審査庁は、当該審理員の指名を速やかに取り消す必要があります。

このような場合については、行審法施行令1条2項が、「審査庁は、審理員が法第9条第2項各号に掲げる者のいずれかに該当することとなったときは、当該審理員に係る同条第1項の規定による指名を取り消さなければならない」と規定しています。

4　除斥事由に該当する事実の存在が事後的に判明した場合

審理員指名がなされた後、実は指名時において除斥事由に該当する事実のあったことが事後的に判明する場合も考えられます。

このような場合も、指名された審理員による審理手続を進めると、審理手続の中立性、公正性を確保できないことから、審査庁は、当該審理員の指名を速やかに取り消す必要があります。

先に引用した行審法施行令１条２項は、直接的には審理員指名後に除斥事由に該当する事実が発生した場合についての規定であるように読めますが、総務省は、ガイドラインにおいて、同規定の解釈として「審理員に指名された者が指名時に除斥事由に該当していたことが事後判明した場合にも、その指名を取り消すことが必要である」と述べています（第２編第２章４ア①）。

5　後任の審理員の指名

審理員が１人しか指名されていなかった場合、当該審理員につき、除斥事由該当性を理由に審理員指名が取り消されると、審理員が不在となり、審理手続が遅滞する可能性が生じます。そこで、審査庁は、審理手続の遅滞を防ぐため、速やかに新たな審理員を指名する必要があります。

他方、複数の審理員のうちの１人の指名が取り消された場合、審査庁は、事案や審理状況を踏まえて、新たな審理員を追加指名するか否かにつき検討することになるでしょう。

6　裁決の瑕疵

除斥事由に該当する事実のある者が審理員として審理手続を進めた場合、審理の公正性を確保する目的で設けられた審理員制度の趣旨に反する事態となるため、当該審査請求における手続が違法と評価される可能性があります。

この場合、裁決取消訴訟（行政事件訴訟法３条３項）により、当該裁決が取り消される可能性があるでしょう。

（和田　浩）

審理員の交代の申入れがなされた場合の対応

Q33　**審査請求人に対して審理員の指名通知をしたところ、審査請求人から、審理員を交代させるよう申入れがなされました。この申入れに対し、審査庁としては、どう対処すればよいでしょうか。**

A33　審理員の除斥事由（９条２項各号）の該当性について検討し、これに該当する場合には、審理員の交代が必要です。また、除斥事由該当性が認められない場合には、審理員の交代は不可欠ではありませんが、審理の迅速性、公正性、透明性等の観点から問題があると思われる場合には、審理員の交代について検討する余地があるでしょう。

説明

1　審理員

審査請求がなされた場合、審査庁は、行審法上、審理員の指名を要しないとされる一定の場合を除き、審査庁に所属する職員のうちから、審理手続の主宰者となる審理員を指名することとされています（９条１項）。

この審理員制度は、審理手続の公正性を図る目的で、平成26年行審法改正により導入された制度であり、審理員は、中立的な立場で審理を進めることが期待されています。

2　審理員の除斥事由

以上のとおり、審理員には、中立性、公正性が求められます。そのため、審査庁は、原処分に関与した者や、審査請求人と一定の関係がある者など、類型的に中立性、公正性に問題が生じうる者については、審理員に指名できないことになっています。

行審法においては、このような観点から、審理員の除斥事由が定められており、審査庁は、これに該当する者を審理員に指名することができません（9条2項各号）。

3　審理員の忌避

ところで、行政事件訴訟においては、裁判官につき、除斥事由以外に裁判の公正を妨げるべき事情がある場合、当事者の申立てによって、当該裁判官が職務執行から排除されることがあります。これを、裁判官の忌避といいます（行政事件訴訟法7条、民事訴訟法24条1項）。

他方、行審法において、審理員の忌避について定めた規定は存在しません。したがって、行審法上、審査請求人には、審理員の忌避を申し立てる権利が保障されているわけではありません。

4　審査請求人からの申入れがあった場合

では、審査請求人から、審理員を交代するよう申入れがあった場合は、どのように対応するのがよいでしょうか。

まず、先に述べたように、行審法において、審査請求人には、審理員の忌避を申し立てる権利が保障されているわけではありません。そのため、審査庁は、審査請求人の申入れに対して応答する義務を負うわけではありません。

もっとも、審査請求人の申入れにより、審理員の除斥事由該当性が判明することがあり得ます。また、除斥事由該当性がないとしても、審理手続の中立性や公正性に疑いが生ずる事情が判明する場合もあり得ます。

そこで、申入れを受けた審査庁は、審査請求人に対し、審理員の交代を申し入れた理由を確認するのがよいでしょう。その上で、審理員の除斥事由該当性が問題となる可能性がある場合には、さらに調査を行うなどして、審理員の除斥事由該当性の有無を慎重に判断すべきでしょう。

そして、除斥事由該当性があると判断した場合には、速やかに審理員の指名を取り消し、これにより審理員が不在となるようであれば、速やかに新たな審理員を指名すべきです。

他方、審査請求人に申入れの理由を確認したところ、審理員の除斥事由とは無関係の理由であった場合や、調査の結果、除斥事由該当性がないと判断できる場合には、必ずしも審理員の指名を取り消す必要はありません。

もっとも、仮に除斥事由該当性が認められない場合であっても、審理手続の迅速性、公正性、透明性等の観点から問題が生じうると考えられる場合、審査庁は、審理員の指名を取り消すことも検討すべきでしょう。

例えば、ガイドラインに記載されているように、審理員が事故等やむを得ない事情により長期間にわたり審理手続を進めることができなくなった場合には、審理手続の遅延を防ぐ観点から、審理員の指名を取り消すことも考えられるでしょう。また、審理員が処分担当課室に異動することになった場合などには、審理の公正性について審査請求人や参加人が疑念を抱く可能性が生じうることから、この場合にも審理員の指名を取り消すことが考えられるでしょう（第２編第２章４ア①）。

5　審理員を交代する場合の手続

審査庁は、審理員を交代する場合、審査請求人および処分庁または不作為庁に対して、新たに審理員を指名した旨と、前任の審理員の指名を取り消した旨を通知する必要があります（９条１項）。

そして、新たに指名を受けた審理員は、審理手続の遅滞を防ぐために、速やかに前任の審理員から引継ぎを受け、審理手続を進める必要があります。

（和田　浩）

第3章　審理手続

処分庁に対する弁明書の記載内容に関する質問

Q34

処分庁から提出された弁明書において、審理員からみて、意図や意味合いがよく分からない記載があります。審理員の立場から、処分庁に対し、記載の趣旨を明確にするよう求めてよいのでしょうか。その際、気を付けることはありますか。

A34

審理員は、行審法36条の定める質問として、処分庁に対し、弁明書の記載内容について、その趣旨を明確にするよう求めることができます。むしろ、弁明書の記載の趣旨が不明確なまま審理を進めることは、適切とはいえません。

ただし、審理員においては、審査請求人から審理手続の公正さについて疑問を抱かれないよう審理を進めるという意識も必要です。審理員としては、審理員から職権で処分庁に対して質問をしたことおよびその内容、並びに、処分庁からの回答を、適切なタイミングにて審査請求人と共有することが望ましいといえます。

また、審理員は、効率的・効果的な審理の進行の観点も踏まえ、質問を行うタイミングや方法を見極めることになります。

説明

1　質問について

行審法36条は「審理員は、審査請求人若しくは参加人の申立てにより又は職権で、審査請求に係る事件に関し、審理関係人に質問することができる。」として、審理員が審理関係人に対して行う質問について定めています。同条の定めるとおり、審理員は、審理関係人である処分庁に対し職権で質問を行うこともできます。

審理員において、弁明書の記載の趣旨が不明確なまま、審理を進めることは適切な審理の進行であるとはいえません。処分庁に対して適切に質問をしてその記載の趣旨を明確にさせることは、審理員に期待された役割でもあります。

2　審査請求人との状況の共有

審理員が処分庁に対して、弁明書の内容について質問をすることは、審査請求人の立場からは、審理員が処分庁の手助けをしているようにみえてしまうこともあります。とりわけ、審理員の審理員意見書が審査請求を棄却すべきであるとの意見であり、審査請求人が審理員意見書の記載によってはじめて審理員が処分庁に対して質問したことを把握したような場合には、審理手続の公正さに疑問をもたれてしまうこともあるでしょう。

行審法は、審査請求手続に対する信頼確保のため、審理手続の公正さは当然のこと、公正らしさも要求しているといえます。特に審理員が職権で処分庁に対して質問を行ったときは、審理員としては、審理員から職権で処分庁に対して質問をしたことおよびその内容、並びに、処分庁からの回答を、適切なタイミングにて審査請求人と共有することが望ましいといえます。具体的には、審理員から処分庁への質問を書面にて行いこれを職権で審査請求人と共有するとともに、処分庁からの回答についても記録を作成した上で同記録についても職権で審査請求人と共有するという方法が考えられます。

なお、質問の聴取の記録を作成した場合、当該記録は事件記録の一部として綴られることになります（41条3項、行審法施行令15条1項5号）。

3　質問を行うタイミング

弁明書の記載の趣旨が不明確であるという局面を念頭におくと、審理員が処分庁に対して質問を行うタイミングとしては、大きくは、

①審査請求人に弁明書を送付する前

②審査請求人に弁明書を送付すると同時

③審査請求人に弁明書を送付した後

の3つが考えられるでしょう。

ここで留意すべきは、審理員として、審理手続を効率的・効果的に進めるにはどのようにすべきか、という視点です。例えば、③のタイミングで審理員から処分庁に対して質問を行った場合、処分庁からなされた回答について改めて審査請求人に対して反論を求めることも想定されますが、その結果、審理手続に多くの時間を要することになりかねません。

審査請求人の考えにも配慮しながら効率的・効果的な審理を進めるための方法として、審査請求人に弁明書を送付した後、審査請求人として反論をするために処分庁に何を明らかにさせるかを審査請求人と相談して、質問を実施するという対応も考えられるでしょう。

審理員としては、手続全体の進行を見通し、事案に即して、質問を行うタイミングや方法を見極める必要があるといえます。

（水野泰孝）

処分庁に対する弁明書の補充の求め

Q35

審理員において、処分庁から提出された弁明書における記載では処分の適法性・妥当性を説明するには足りていないとの心証をもった場合、処分庁に対し、弁明書の補充を求めてもよいのでしょうか。その際、気を付けることはありますか。

A35

審理員は、行審法36条の定める質問として、処分庁に対して弁明書の補充を求めることはできます。

ただし、設例の状況下で審理員が処分庁に対して質問を行う場合、審査請求人から手続の公正さについて疑問をもたれかねないので、審理員が処分庁に対して質問をしたことおよびその内容、並びに、処分庁からの回答等を、審査請求人と共有する必要があると考えます。

説明

1　質問について

行審法36条の定める質問の概要については、Q34の「1　質問について」をご参照ください。

2　審査請求人との状況の共有

審理員は、行審法36条の定める質問として、処分庁に対して、弁明書の補充を求めたり、資料の追加提出を求めたりすることもできます。

ただし、行審法は、本来的には、処分庁が自らの責任において弁明書を作成したり資料を提出したりすることを予定しているといえます。審理員が処分庁に対して弁明書の補充を求めたり、資料の追加提出を求めたりすることは、基本的に、処分の適法性・妥当性を説明させるために行うものでしょうから、審査請求人の立場からは、処分庁に「肩入れしている」という印象をもたれやすい局面であるといえるでしょう。審理員としては、審査請求人から審理手続の公正さに疑問をもたれることのないように配慮して審理を進める必要があります。

また、審理員が処分庁に対して、審査請求人が預り知らない形で「質問」をするということは、行審法は本来的に予定していないといえます。平成26年行審法改正は、審理過程が分からないブラックボックスの審理となることを避けるための改正でもあります。

そこで、審理員として、処分庁に対して弁明書の補充を求めたり資料の追加提出を求めたりする場合には、（Q34にて検討した処分庁に対して弁明書の記載内容について質問をする状況よりもさらに厳格に、）職権にて処分庁に対して弁明書の補充や資料の追加提出を求めたことやその回答等について、審査請求人と共有する必要があるといえます。

（水野泰孝）

処分庁に対する追加資料の提出の求め

Q36

審理員において、処分庁から提出された資料では処分の適法性・妥当性を根拠付けるには十分ではないとの心証をもった場合、処分庁に対し、資料を具体的に指定して追加提出を求めてもよいのでしょうか。その際、気を付けることはありますか。

A36

審理員は、行審法33条に基づき、職権にて、処分庁に対し、資料を具体的に指定して追加提出を求めることができます。

ただし、行審法は、審理員を公正・中立な立場に位置付けるとともに、処分の適法性・妥当性について説明する責任およびこれを根拠付ける資料を提出する責任を、処分庁に課しているといえます。審理員においては、審理手続の公正さにも留意して対応を検討する必要があります。

説明

1　資料の提出要求

行審法33条は、「審理員は、審査請求人若しくは参加人の申立てにより又は職権で、書類その他の物件の所持人に対し、相当の期間を定めて、その物件の提出を求めることができる。この場合において、審理員は、その提出された物件を留め置くことができる。」と規定します。

ここにいう「所持人」には、審査請求人、参加人、処分庁といった審理関係人も含まれると解されています。

審理員は、行審法33条に基づき、職権にて、処分庁に対し、具体的に指定して資料の追加提出を求めることができます。

2　留意事項

行審法は、審理員を公正・中立な立場に位置付けるとともに、処分の適法性・妥当性について説明する責任およびこれを根拠付ける資料を提出する責任を処分庁に課しているといえます。

審理員において、処分庁が提出する資料によっては、処分庁が説明する処分の適法性・妥当性を根拠付けるには十分ではないとの心証をもった場合、処分庁が自らの責任を果たしていないとして、そのままの判断をすればよい（審査庁として審査請求を認容すべき旨の審理員意見書を作成する）というのも一つの考え方です。

他方、行審法の定める審理手続は、基本的に職権主義に拠っており、資料の提出要求についても、審理員は職権で行うことができます。この資料の提出要求は、処分の違法性・不当性を根拠付ける方向でも、処分の適法性・妥当性を根拠付ける方向でも、行うことができるといえます。

ただし、審査請求人の立場からすると、審理員が処分庁に対し処分の適法性・妥当性を根拠付けるための資料を具体的に指定して追加提出するよう求め、追加提出された資料に基づき処分を適法・妥当と判断した場合には、審理員が処分庁に過度に肩入れしているとして審理手続の公正さに疑問をもたれかねないでしょう。この局面において処分庁に対して物件の追加提出を求める場合には、審理員は審査請求人に対して、処分庁に対して資料の追加提出を求めた理由を丁寧に説明するとともに、処分庁から追加提出された資料について十分な反論の機会を与えるべきであると考えます。

（水野泰孝）

守秘義務との関係

Q37 審理員として処分庁に対して弁明書の補充や追加資料の提出を求めたところ、処分庁から当該質問に対して回答することは守秘義務に抵触するおそれがあり対応できない、との回答がなされました。どのように対処すべきでしょうか。

A37 処分庁の職員が審理員に対して回答をなすことについて、守秘義務（地方公務員法34条１項、国家公務員法100条１項）に違反することにはなりません。

もっとも、処分庁として、情報の取扱いに格別配慮しなければならない局面があることも確かです。

審理員が、審理員限りで処分庁から資料の提出を受けるといった対応を行う場合には、事案と内容に即して、審査請求人から審理手続の公正さに疑問を抱かれないようにすることも含めた対応が求められます。

説明

１　守秘義務と審理手続の関係

公務員は、職務上知り得た「秘密」について守秘義務を負っており（地方公務員法34条１項、国家公務員法100条１項）、これを漏らすことはできません。

もっとも、審理員は審査庁に所属する職員であり、審理員も法律上の守秘義務を負う立場にあることから、処分庁が審理員に対して守秘義務の対象となる情報を記載した書面を提出したことにより、守秘義務違反になるものではありません。換言すれば、守秘義務を負っているということは、審理員から弁明書の補充や資料の追加提出を求められた場合において、処分庁がこれらに応じないことを、直ちに正当化するものではありません。

この局面について、ガイドラインにおいても、行審法の運用として、「処分庁等に質問を行う場合には、守秘義務に抵触する懸念を有する可能性があることから、審理員は、必要に応じて、質問の回答は、守秘義務を課されている審理員に対して行うものであって、回答により直ちに他の審理関係人が知り得ることとなるわけではない旨を当該行政庁に説明しておくことが考えられる。」（第２編第３章９ウ）、「物件の所持人が処分庁等その他の行政庁である場合には、当該物件が審査請求人等による閲覧等（法第38条）の対象となることについて、守秘義務に抵触する懸念を有する可能性があることから、審理員は、必要に応じて、当該物件は、守秘義務を課されている審理員に提出されるものであって、その提出により直ちに他の審理関係人が知り得ることとなるわけではない旨や、どのような場合に閲覧等に供されるか等を当該行政庁に説明しておくことが望ましい。」（同章８ウ）と説明されています。

２　実務上の対応

実際の審理において、情報の取扱いについて格別配慮しなければならない局面も少なくありません。弁明書は審査請求人に当然に交付されるものである以上、情報の取扱いに配慮すべき局面においては、当該情報を弁明書に記載することは適切とはいえないでしょう。

処分庁において、取扱いに格別配慮しなければならない情報を審理員と共有するにあたっては、事案と内容に応じた工夫が必要になってきます。例えば、「一次資料」に個人情報等が含まれている場合には、処分庁において個人を特定できない形の「二次資料」を作成して提出するということも考えられるでしょう。この場合、審理員限りにおいて、当該「二次資料」の正確性を、「一次資料」と突き合わせて確認するということも許されると考えます。

処分庁が審理員に資料を提出する際、その一部をマスキングしておき、審理員限りにおいて、当該マスキング部分を確認するということも、事案や内容によっては考えられるでしょう。処分庁が審理員に対して資料を提出する際に閲覧や写しの交付をしないよう意見を申し添えておくこと（38条１項第２文参照）も、処分庁として検討すべき対応の一つです。

ただし、審査請求人からすれば、「一次資料」を確認したい、マスキングされていない資料を見たいと考えることも、自然なことであるとはいえます。審理員としては、審査請求人から審理手続の公正さに疑問をもたれないよう、審査請求人に対し上記対応が必要である理由を丁寧に説明して、その理解を得るようにすべきです。

（水野泰孝）

審査請求人に対する説明の求め

Q38

審理員として、審査請求人から詳細に説明をして欲しいと考える事柄がある場合、当該事柄について説明するよう求めてもよいでしょうか。その際、気を付けることはありますか。

A38

審理員は、行審法36条の定める質問として、審査請求人に対し、詳細に説明をして欲しい事柄について説明するよう求めることができるといえます。

ただし、そのタイミングは、基本的に、処分庁から弁明書が提出され、審査請求人にこれを送付する際に行うべきでしょう。換言すれば、処分庁に対して弁明書の提出を求めるに先立って、このような質問を行うことは、一般論としては望ましくないと考えます。

説明

1　質問について

行審法36条の定める質問の概要については、Q34の「1　質問について」をご参照ください。

2　質問を行うタイミング

審理員において、審査請求人が提出した審査請求書における記載が十分ではなく、処分庁に弁明書の提出を求めるに先立ち、審査請求人に対してその主張内容等を詳細に説明して欲しいというケースもあるでしょう。

もっとも、行審法の定める審理手続は、処分の内容（適法性・妥当性）について、第一次的には処分庁が説明することを予定しており、これに先立って、審査請求人において処分の違法性・不当性を詳細に主張しなければならないとはしていません。

事案や処分の内容によりますし、審査請求人が的確に主張を補充する可能性がある場合は別ですが、基本的に、まずは処分庁に対して弁明書の提出を求め、審理員として具体的に説明して欲しい事柄については、当該弁明書を審査請求人に送付する際に説明をするよう求めることが適切であると考えます。また、この審理方法によった方が、審理手続をコントロールでき、円滑な審理にも資すると考えます。審理員から審査請求人に対して説明を求める際には、特に審理員が気になっている箇所を特定・明示するなどして、審理員の問題意識に応えてもらう工夫をすると良いでしょう。

3　審査請求人が求めに応じない場合

審理員が審査請求人に対して詳細な説明を求めたものの、審査請求人がこれに対応しないということもあるでしょう。

この場合、審査請求人が説明に応じないことそれ自体を直ちに不利益に取り扱うことはできませんが、他方で、審査請求人が説明に応じない結果として、審査請求人の主張を認めないという判断に至る可能性があることは仕方がないといえるでしょう。

（水野泰孝）

争点整理の要否および方法

Q39

争点整理は常に必要でしょうか、具体的にどのように行うのですか。

A39

争点とは当該事案における当事者（審理関係人）の主張の対立点をいい、争点整理とは、当該事案における争点を洗い出し、争点ごとの審理関係人の主張を整理することをいいます。

明示的に争点整理を行う必要があるか否かは事案によるでしょう。もっとも、審理員が審理員意見書を作成するにあたっては、争点および争点に係る審理関係人の主張は何かを把握する必要がありますので、この意味では、すべての事案において争点整理は必要であるともいえます。

争点整理の方法の一つとして、争点整理表を作成することが考えられます。争点整理表を作成した場合には、基本的には、職権にて、審理関係人との間で共有すべきであると考えます。

説明

1　争点とは

争点とは、当該事案における当事者（審理関係人）の主張の対立点のことをいいます。

争点が法律の解釈・適用という法律論であることもあれば、その前提としての事実の有無ないし内容といった事実認定をめぐる争いのこともあります。これらいずれもが争点になる事案も多いところです。

2　争点整理の要否

争点整理とは、当該事案における争点を洗い出し、争点ごとの当事者（審理関係人）の主張を整理することをいいます。

明示的に争点整理として行う必要があるか否かは事案によりますが、審理員が審理員意見書を作成するにあたり必須の作業です。正しい争点整理は、正しい判断の前提であるともいえます。審理員において争点を正しく設定せず、あるいは、争点についての審理関係人の主張を正しく把握しないまま審理を進めて判断に至った場合、事案と内容によっては、審理手続それ自体に瑕疵があるということにもなり得るでしょう。

争点整理を行うにあたっては、基本的に、審理関係人の主張が出揃っていることが必要です。そのため、争点整理は、処分庁から弁明書が出され、審査請求人から反論書が出されたタイミング（審査請求人が反論書を提出しない場合には、そのことが明確になったタイミング）に行うことが多いといえます。

口頭意見陳述を実施する場合には、その場を充実したものとするためにも、口頭意見陳述の実施に先立ち争点整理を行っておくことが望ましいといえます。

3　争点整理の方法

争点整理の方法の一つとして、一覧表の形式で争点を書き出し、争点ごとに審理関係人それぞれの主張を拾って整理することが考えられます。あるいは、最終的な審理員意見書を意識して、そのたたき台として、争点およびそれぞれの主張を文章にて書き出す、という方法も考えられます。

いずれにせよ、争点整理は、審理員が正しい判断をするという目的に加え、当事者にとって不意打ちの判断にならないようにするという趣旨も含みます。事案にもよりますが、審理員が争点を整理した場合には、審理員として認識している争点と審理関係人が考えている争点の間にズレがないか、職権で確認することが望ましいといえます。

複雑な事件においては、行審法37条が定める意見の聴取の場を設定して争点整理を行った上で、その後の審理手続の計画を立てることも考えられます。

（水野泰孝）

書面の提出が繰り返されることへの対応

Q40

審査請求人が矢継ぎ早に繰返し書面を提出してきます。審理員としては、その都度、処分庁に対してこれを送付した上で、反論を求めることが必要でしょうか。審査請求人からの書面の提出について、制限を掛けることはできないものでしょうか。

A40

行審法が明示的に規定する審査請求人から提出される主張書面は、審査請求書のほか、処分庁が提出した弁明書に対する反論書（30条）のみです。もっとも、行審法は、反論書以外に主張書面を提出してはならないともしていません。

審理員には、審査請求人による主張書面の提出の機会は確保しつつ、審理手続をコントロールし、審理が徒に長期化しないようにするための工夫が求められるといえます。

説明

1　審査請求人が提出する主張書面

行審法が明示的に規定する審査請求人が提出する主張書面（自らの主張を記載する書面）は、審査請求書のほか、処分庁が提出した弁明書に対する反論書（30条）のみです。行審法は、これら以外の主張書面について特段規定していませんが、提出することができないともしていません。

実務上、審査請求人が提出した反論書に対し、処分庁が再弁明書を提出し、審査請求人がこれを受けて再反論書を提出したり、口頭意見陳述の機会が実施された後に審査請求人が改めて主張をまとめた書面を提出したりすることも少なくありません。

審理員としては、少なくとも反論書以外の主張書面は認めないといった対応をとるべきではありません。安易に主張書面の提出を認めないという対応をとった場合、審理関係人が主張を補充する機会を奪ったとして、審理手続に瑕疵があるとされることにもなりかねません。

2　実務上の対応

審査請求人から主張書面が提出された場合において、審理員が処分庁に送付しないという対応をとることは、審査請求人からみれば、審理員が審査請求人の主張を真摯に受け止めていないともみえるでしょう。行審法の審理手続は、基本的に審査請求人と処分庁の対立構造をとってそれぞれに主張・反論させることとしており、また、手続の透明性を確保する観点からも、このような対応は望ましいとはいえないでしょう。他方、審理員から主張書面の送付を受けた処分庁としては、常にこれに対して反論しなければならないと受け止めることも少なくないでしょう。そうすると、審査請求人と処分庁が「反論の応酬」を続けることにもなりかねません。

また、審査請求人が書面の提出を繰り返すことで、審理手続が徒に長期化することも、望ましいことではありません。

実務上の対応としては、審査請求人から提出された主張書面について、その内容が従前の主張の繰り返しであるなどとして審理員として処分庁が特に反論する必要がないと判断する場合には、主張書面を送付する際、必ずしもこれに対する反論を求めないと申し添えることも考えられるでしょう。また、審査請求人からの書面の提出について時期的な区切りをつけるために、書面の提出期限を指定した上で、当該提出期限の経過をもって審理手続を終結する（41条2項参照）といった対応も考えられます。

（水野泰孝）

「審理員に直接言いたいことがある」と記載されていた場合の対応

Q41

審査請求人が提出した書面の中に、「審理員に直接言いたいことがある」との記載がありました。口頭意見陳述を申し立てたいとは書かれておらず、その意図も不明確です。審理員として、どのように対処すべきでしょうか。

A41

口頭意見陳述の申立てがなされた場合、審理員は、口頭意見陳述の機会を与える必要があります（31条１項本文)。口頭意見陳述の申立てがなされ、口頭意見陳述の機会を与えることが困難(同項ただし書き参照）であるとはいえないにもかかわらず実施しなかった場合、このことそれ自体が裁決固有の瑕疵になるでしょう。

設例の記載は、口頭意見陳述の申立てとも解釈できる以上、審理員としては、審査請求人の記載の意図および真意を確認し、それに合わせた適切な対応をとる必要があるといえます。

説明

1　口頭意見陳述を行うには、申立てが必要であること

審査請求人または参加人の申立てがあった場合、審理員は、申立人に口頭で審査請求に係る事件に関する意見を述べる機会を与えなければなりません(31条１項本文)。なお、ここにいう申立ては、文書によらなければならないものとはされていません。

この条文の解釈として、口頭意見陳述を行うには、審査請求人または参加人の申立てが必要であり、審理員が職権で口頭意見陳述の機会を設けることはできないと解されています。

ガイドラインにおいても、行審法31条１項の解釈として、「口頭意見陳述は、審査請求人又は参加人の申立てがあった場合に行われるものであり、審理員が職権で行うことはできない。」（第２編第３章6ア）と説明されています。

2　口頭意見陳述の不実施と裁決固有の瑕疵

審査請求人または参加人から口頭意見陳述の申立てがあり、かつ、意見を述べる機会を与えることが困難であるとはいえないにもかかわらず、申立人にその機会を与えなかった場合には、手続上の瑕疵があるものとして、このことそれ自体が裁決固有の瑕疵になるでしょう。口頭意見陳述の機会は、審理手続の中で格別重要な意味をもっているためです。

ガイドラインにおいても、行審法の運用として、「社会通念上、意見を述べる機会を与えることが困難であるとは必ずしもいえないにもかかわらず、審理員が口頭で意見を述べる機会を与えない場合は、行政訴訟において、当該審査請求に対する裁決が手続上の瑕疵を理由として取り消される可能性がある。」（第２編第３章6ア）と説明されています。

3　審理員としてなすべき対処

「審理員に直接言いたいことがある」との記載は、口頭意見陳述を申し立てたいという意味合いであるとも解釈しうる以上、審査請求人の意図が口頭意見陳述を求めることにあるのであれば、かかる記載を口頭意見陳述の申立てとして取り扱わなければ、審理手続に瑕疵があることになるでしょう。

他方、上記記載について、審査請求人の意図が、審理員に伝えたいことがあるが処分庁には聞かれたくない、ということであれば、口頭意見陳述は審理関係人全員を招集する場であることから、直ちにその申立てとして取り扱うことは適切とはいえないでしょう。この場合、審理員としては、審査請求人の真意を確認し、処分庁には聞かれたくないということに合理性があるとはいえないようであれば、口頭意見陳述の実施に向けて審査請求人を説得するといった対応も考えられます。審査請求人において処分庁には聞かれたくないということへの思いが強いようであれば、内容と事案によっては、言いたいことを記載した書面を（当然には処分庁が見ることにはならない）「証拠書類」として提出してもらうといった対応も考えられるでしょう。

（水野泰孝）

口頭意見陳述の不実施

Q42

審査請求人から口頭意見陳述の申立てがありましたが、日程調整をしようとした段階で審査請求人と連絡が取れなくなりました。この場合、口頭意見陳述を実施しないまま審理を終結してもよいのでしょうか。

A42

審査請求人と連絡が取れない場合であっても、審理員は、口頭意見陳述の日時・場所を指定し、書面にて通知した上で、当日、口頭意見陳述を開く用意をして待機しておくべきでしょう。日程調整の連絡ができないことを理由に口頭意見陳述を実施しないことは適切な対応ではないと考えます。

説明

1　口頭意見陳述の実施の要否について

審査請求人または参加人から口頭意見陳述の申立てがあった場合、審理員は、申立人に口頭で審査請求に係る事件に関する意見を述べる機会を与えなければなりません（31条１項本文）。ただし、当該申立人の所在その他の事情により当該意見を述べる機会を与えることが困難であると認められる場合には、この限りではないとされています（同項ただし書き）。

ここにいう「申立人の所在その他の事情により当該意見を述べる機会を与えることが困難であると認められる場合」の考え方について、ガイドラインにおいて、行審法31条１項の解釈として、「口頭意見陳述を行わないことができる『申立人の所在その他の事情により当該意見を述べる機会を与えることが困難であると認められる場合』とは、例えば、申立人が矯正施設に収容されていて出所の見込みが相当期間ない場合など、当該審査請求の終結予定時期までの間に申立人（代理人を含む。）が出席可能な期日が設定できる見込みがない場合が該当する。」（第２編第３章６ア）と説明されています。

申立人にとって、口頭意見陳述の機会において意見を述べること（および質問をなすこと）は重要な権利であって、申立てがなされているにもかかわらずこの機会を与えないとすることには慎重になる必要があるといえます。

2　審査請求人（申立人）と連絡が取れなくなった場合

それでは、審査請求人（申立人）と連絡が取れなくなった場合は、どのように対応すべきでしょうか。

設例のように口頭意見陳述の日程調整前であれば、しばらく様子をみることになるでしょう。審査請求をし、口頭意見陳述の申立てもしたにもかかわらず、連絡が取れないということは不自然であるといえ、病気や事故など、何かしらの事情があるとも推察されます。その間、審理員において、電話を掛けたり、書面を送ったりするなど、審査請求人とコンタクトを取るための努力を続ける必要があります。相当期間待っても、どうしても審査請求人と連絡が取れないということであれば、審理員において口頭意見陳述の日時・場所を指定し、書面にて通知した上で、当日、口頭意見陳述を開く用意をして待機しておくべきでしょう。日程調整それ自体が口頭意見陳述を開く要件ではなく、審理員は一方的に口頭意見陳述の日時・場所を指定することもできなくはないので、日程調整の連絡ができないことを理由に口頭意見陳述を実施しないことは適切な対応ではないと考えます。後に無用の争いを生まないよう、この通知は記録に残る形で行うべきです。

そして、指定した日時に審査請求人が参加しなければ（出席できなかったことについて正当な理由があったということが後に分かった場合は別にして）、口頭意見陳述の権利を放棄したものと扱い、審理手続を終結することができるでしょう（41条２項２号）。

設例とは異なり、口頭意見陳述の日時を調整した後に審査請求人と連絡が取れなくなった場合も、進め方は同様です。

　ガイドラインにおいても、行審法31条１項の解釈として、「審理員が指定した口頭意見陳述の期日に申立人が正当な理由なく出頭しなかった場合は、申立人が自ら口頭意見陳述の権利を放棄したといえ、また、迅速かつ公平な審理に支障を来すものであるから、改めて口頭意見陳述の機会を与える必要はない。ただし、審理員が特に必要性を認める場合に、再度口頭意見陳述を実施することを妨げるものではない。」（第２編第３章６㋐）と説明されています。

（水野泰孝）

質問事項書の取扱い

Q43

処分庁から、口頭意見陳述の場にて申立人から「質問」されてもその場で回答することが容易ではないので、事前に申立人に対し、質問事項を挙げた質問事項書を提出するよう求めて欲しいといわれました。審理員として、どのように対応すればよいでしょうか。また、どのようなことに気を付ける必要がありますか。

A43

口頭意見陳述の申立人は、口頭意見陳述の場で審理員の許可を得て処分庁に対して質問（31条５項）を行うことができ、基本的に処分庁はその場で回答しなければなりません。

口頭意見陳述の機会を充実したものとするため、審理員が申立人に対し、口頭意見陳述の機会の場で質問を予定している事柄について、事前に質問事項を挙げた質問事項書を提出するよう求めることは許されるといえます。

ただし、審理員が申立人に対して質問事項書の提出を求める際には、質問事項書の提出は任意であることおよび質問事項書に記載のない内容であっても質問できることを、あわせて説明すべきであると考えます。

説明

1　口頭意見陳述の機会における質問権（31条5項）について

行審法31条５項は「口頭意見陳述に際し、申立人は、審理員の許可を得て、審査請求に係る事件に関し、処分庁等に対して、質問を発することができる。」として、申立人は、口頭意見陳述の場にて、審理員の許可を得て、処分庁に対して、質問ができる旨が定められています。ここにいう質問は、行審法36条が定める質問とは別の制度です。口頭意見陳述の機会における質問は、審理員の許可を得て行われるものですが、質問が相当でない場合を除き、基本的に許可することが予定されています。

ガイドラインにおいても、行審法31条5項の解釈として、「処分庁等に対する質問について、審理員の許可を要することとしているのは、質問が不当に多発され質問権が濫用されることで、審理に混乱を来すおそれがあることに配慮したものであり、例えば、事件に関係のない事項についての質問等相当でない質問については、これを許可しないことも許容される。ただし、このようなおそれがない場合に、質問を許可しないことは適当でない。」（第2編第3章6㋔）と説明されています。

これに対し、処分庁は、基本的にその場で回答する必要があります。ガイドラインにおいても、行審法31条5項の解釈および運用として、「処分庁等に対する質問に対しては、法律上、処分庁等の回答義務についての明示的な規定はないが、処分庁等は審理において協力すべき責務を有しており（法28条)、申立人の質問権が規定された趣旨に鑑みれば、処分庁等が質問に対して適切に回答すべきことは当然であり、処分庁等の回答は、原則として口頭意見陳述の場で行われるべきである。」「回答に調査を要するなどの事情によりその場で回答することが困難である場合には、後日、回答することもやむを得ないものと考えられるが、この場合には、審理員は、回答の方法、期限等を定めて、処分庁等に示すことが望ましい。」（同上）などと説明されています。

2　質問事項書の提出の要求

申立人が口頭意見陳述の機会において処分庁に質問することができる範囲は幅広く、処分庁は基本的にその場で回答する必要があるため、実務上、審理員から申立人に対し、口頭意見陳述の機会において質問することを予定している事項を書き出した「質問事項書」を事前に提出するよう求める運用が広く行われています。口頭意見陳述の機会を充実したものとするための工夫として、この運用自体が否定されるべきではないでしょう。

もっとも、申立人が質問事項書を提出しなかったことそれ自体をもって質問を行うことを許可しないとしたり、質問事項書に記載されていない事柄であるからとして質問を行うことを許可しないとしたりすることは、口頭意見陳述の運用として許されません。仮にこのような運用が行われれば、質問を許可しなかったことそれ自体をもって、裁決固有の瑕疵になり得ると考えます。

ガイドラインにおいても、行審法31条５項の解釈として、「処分庁等に対する質問について、申立人から、事前に書面等により提出があった場合、口頭意見陳述の期日における審理において、事前に提出されていない質問であることを理由として、質問を許可しないことは許されない。」（第２編第３章６㋔）と説明されています。

また、審理員が申立人に対し質問事項書を提出するよう求め、申立人がこれを提出した場合、申立人において質問事項書に記載している事柄以外を質問することができないと誤解してしまうことも想定されます。申立人においてこのような誤った認識をもつことがないよう、審理員が申立人に対して質問事項書の提出を求める際には、質問事項書の提出は任意であることおよび質問事項書に記載のない内容であっても質問できることを、あわせて説明すべきであると考えます。

（水野泰孝）

審理員による口頭意見陳述の録音

Q44

審理員は、申立人の同意なく、口頭意見陳述の内容を録音することはできますか。申立人が明示的に録音に反対した場合はどうですか。

A44

審理員は、申立人の同意なく、口頭意見陳述の内容を録音することはできます。

また、申立人から明示的に録音に反対する旨の意見が述べられたとしても、審理員は録音することができると考えます。

説明

１　審理員による録音

審理員において、口頭意見陳述の機会における申立人や処分庁の発言の内容等を正確に把握するため、その内容を録音しておきたいと考えることは少なくないはずです。実務上、通例、口頭意見陳述の内容を録音する運用が行われています。

審理員において、口頭意見陳述を録音するにあたり、申立人の意向を確認する必要があるか否かでいえば、必要があるとまではいえないと考えます。もっとも、審理員において、申立人に対して口頭意見陳述の冒頭に録音することを伝えて、確認を得ておいた方が望ましいとはいえるでしょう。

ガイドラインにおいても、行審法の運用として、「後日、発言内容等の詳細について確認が必要となる可能性を考慮し、審理関係人の了解の下、ＩＣレコーダ等の録音機材を使用して、口頭意見陳述の内容を録音しておくことも考えられる」（第２編第３章６カ）と説明されています。

2　申立人が録音に反対した場合

それでは、申立人が録音に反対した場合、審理員として、どのように対応すればよいでしょうか。

ガイドラインでは、行審法の運用として「出席者が反対する場合には、録音する趣旨等を説明して理解を求める等の対応をとる。」（第2編第3章6カ）と説明されています。まずは審理員において、申立人に対し、録音する趣旨等——具体的には、発言内容についての正確な把握のための録音であること、録音内容は審査請求手続以外では用いないこと、録音内容が外部に持ち出されることはないこと、審査請求手続が完了した後一定期間経過によりデータは抹消されることなど——を、実際の運用にあわせて丁寧に説明して、了解を得ることを試みるべきであるといえます。口頭意見陳述の記録を作成し、それを交付する運用としている場合には、あわせてその旨を伝えて理解を求めることも考えられます。

問題は、申立人が録音に明示的に反対を続ける場合です。この場合、口頭意見陳述を録音したとしても申立人に不利益が生じることは想定し難いですし、口頭意見陳述を主宰する審理員の立場としてその内容を録音しておきたいと考えることに合理性もあるといえますので、審理員において、申立人の意向にかかわらず口頭意見陳述の内容を録音することに問題はないと考えます。このこと自体をもって、審理手続に瑕疵があるとして裁決が違法になる、ということもないでしょう。

（水野泰孝）

申立人による口頭意見陳述の録音

Q45

申立人が、口頭意見陳述の場にて、録音をさせて欲しいとして机上に録音テープを置きました。審理員として、どのように対処すべきでしょうか。

A45

審理員として録音させても問題ないと判断する場合には、録音を認めても構わないと考えます。ただし、この場合、録音したデータについて慎重に取り扱うよう、申立人に説明をするなどしておくべきと考えます。

審理員として録音させることが望ましくないと判断する場合には、その旨を伝えて録音をしないよう説得すればよいでしょう。それでもなお、申立人が録音をしようとする場合、審理員としてこのことを理由に口頭意見陳述を中止したり、質問を許可しないとしたりすることは、事案にもよりますが、基本的には適切ではないと考えます。ただし、処分庁において、録音がなされていることを理由に質問に回答しないという対応を取ることも、相応の理由があるといえれば許されると考えます。

説明

1　録音を認めることの可否

行審法は、申立人が口頭意見陳述を録音することができるか否かについて、特段の規定はありません。ただし、審査請求が紛争を取り扱うものであることや、口頭意見陳述が公開された場ではないことに照らせば、申立人が口頭意見陳述を録音することは本来的に予定されてはいない、といえるでしょう。

審理員としては、口頭意見陳述の冒頭において、録音をしないようアナウンスをしておくことがよいでしょう。

他方で、審理員として、申立人から録音の希望が出た場合において、録音を認めても問題ないと判断するときには、審査庁における施設管理のあり方として特段の定め（例えば、庁舎内における録音は庁舎管理者の承諾が必要とされるといった定め）がなければ、録音を認めても構わないと考えます。

この点について、ガイドラインにおいて、行審法の運用として「審理関係人の発言内容を公にすることは、その後の審理関係人の発言を萎縮させ、審理手続の迅速かつ適切な進行を妨げるおそれがあることから、必要に応じ、録音・撮影を控えることや、意見聴取手続の内容をみだりに公にしないことを要請することも考えられる。」（第２編第３章６㋔）と説明されていますが、録音を認めてはならないとはされていません。

ただし、ガイドラインが指摘するように、口頭意見陳述の内容をみだりに公にしないことを要請しておくことは必要でしょう。あるいは、その場で申立人から、録音データをみだりに公開しない旨を一筆書いてもらう、という実務上の工夫も考えられます。

２　録音を認めない場合

審理員として、録音を認めることが好ましくないと判断する場合、まずは、審理員として録音が適切ではないと判断する理由について丁寧に説明して、申立人に理解してもらうことを試みるべきでしょう。例えば、事案の性質に照らして審査請求人にかかわること以外の内容も口頭意見陳述の場に出る可能性がある、口頭意見陳述の結果の記録を作成して交付するのでそれで内容を確認して欲しい、などです。

それでもなお、申立人が録音を求める場合、あるいは、録音を強行する場合において、審理員は、口頭意見陳述を主宰する立場から、録音を中止しないことを理由に口頭意見陳述を中止したり、質問を許可しないとしたりすることはできるでしょうか。

事案によることになりますが、基本的には、口頭意見陳述を中止することは適切ではないと考えます（録音をすることを理由に口頭意見陳述を中止し、その後も口頭意見陳述の機会を与えない場合、審理手続に瑕疵があると判断される可能性もあると考えます。）。また、申立人が録音を中止しないことを理由にして、申立人の質問を許可しないことも、適切ではないと考えます。録音がなされた状態において、意見を陳述したり、質問をしたりすることによって、口頭意見陳述の適正な運営が直ちに害されるということにはならないと考えられるためです。

ただし、録音がなされていることを理由にして、処分庁が申立人による質問に回答しないという対応を取ることも、相応の理由があるといえれば許されると考えます。

（水野泰孝）

口頭意見陳述の公開

Q46 口頭意見陳述を申し立てた申立人から、口頭意見陳述を公開して第三者の傍聴を広く認めて欲しい、との申入れがありました。審理員として、どのように対処すべきでしょうか。

A46 審理員において、申立人の求めに応じて口頭意見陳述を公開する必要はありません。

他方、審理員として、公開しても問題ない、あるいは、公開することが望ましいと判断する場合には、その他の審理関係人の意向も確認した上で、口頭意見陳述を公開することもできると考えます。

説明

1　口頭意見陳述の公開の要否

審査請求の手続においては個別の紛争が争われており、そこには多くの情報が含まれていることや、充実かつ効果的な審理を行うため、行審法は口頭意見陳述を公開するものとはしていません。また、一般論としては、公開することが望ましいともいえないでしょう。

つまり、口頭意見陳述の公開を認めなかったとしても、審理手続に瑕疵があることにはなりません。

2　口頭意見陳述の公開

もっとも、行審法は、口頭意見陳述を公開してはならないともしていません。

口頭意見陳述を申し立てた審査請求人から、公開して欲しいとの申入れがあり、審理員としても、公開しても問題ない、あるいは、公開することが望ましいと判断する場合、その他の審理関係人の意向も確認した上で、口頭意見陳述を公開することもできると考えます。

あるいは、事前に傍聴を希望する者のリストを提出させ、その範囲で口頭意見陳述の傍聴を個別に認めるという対応も考えられます。

ガイドラインにおいても、行審法の運用として、「個々の事案に応じ、審理員の判断により、口頭意見陳述を公開とし、その他の者（申立人の支援者、マスコミ関係者等）の傍聴を認めることも可能であるが、その際には、審理関係人の意向も確認した上で判断することが望ましい。また、傍聴を認めた場合 、秩序維持の必要性（不規則発言により議事の進行を妨害しようとする場合など）が生じた場合の対応についても検討しておく必要がある。」（第2編第3章6㋔）と説明されています。

（水野泰孝）

口頭意見陳述の結果の記録

Q 47

審理員は、口頭意見陳述の結果の記録を作成する必要はありますか。記録を作成した場合、審査請求人や処分庁と当該記録を共有する必要はありますか。

A 47

審理員は、口頭意見陳述を実施したときは、その結果の記録を作成すべきであるといえます。ただし、その様式については、審理員の裁量に委ねられます。

また、口頭意見陳述の結果の記録が作成されたときには、審理員は、職権により、審理関係人と共有すべきであると考えます。

説明

1　口頭意見陳述の結果の記録の作成の要否について

行審法は、口頭意見陳述の結果の記録の作成の要否について、明示的には定めてはいません。

もっとも、口頭意見陳述は審理手続の中で重要な位置付けにあり、また、口頭意見陳述の結果の記録が作成されたときは審査庁に提出する事件記録に綴じ込むとされていること（41条３項、行審法施行令15条１項５号）に照らせば、本来的に、口頭意見陳述の結果の記録を作成することが予定されているといえます。

実務上も、通例、口頭意見陳述が実施されたときには、その結果の記録が作成されています。

ガイドラインにおいても、行審法の運用として、「記録として、口頭意見陳述の期日における審理の経過を記録した資料を作成する。」（第２編第３

章６カ）と説明されています。

2　口頭意見陳述の結果の記録の様式について

口頭意見陳述の結果の記録について、決まった様式はありません。

ガイドライン（様式）において、一応の書式は提示されており、審理関係人の発言を要約して作成する体裁になっていますが、これに依らなければならないものではありません。意味合いが変わらないように正確に発言を要約するということは、一見簡単なようで難しいところでもあります。

実務上、口頭意見陳述の結果の記録を、逐語式で作成することもあります。ただし、逐語式の記録を作成するためには、発言内容を書き起こす人員の確保、あるいは、予算措置が必要になるでしょう。

この点、ガイドラインも、行審法の運用として「具体的には、申立人の陳述の要旨のほか、申立人が処分庁等に対して行った質問や審理員が審理関係人に対して行った質問の要旨及びそれらに対する回答の要旨を記録することが考えられる。」（第２編第３章６カ）と説明するに留まります。

3　口頭意見陳述の結果の記録の共有について

口頭意見陳述の結果の記録については、行審法38条１項が定める閲覧・写しの交付の対象にはなっていません。また、これとは別に、行審法上、申立人等において、口頭意見陳述の結果の記録の交付を求めることができる旨の定めもありません。

とはいえ、特に口頭意見陳述の申立てを行った申立人においては、口頭意見陳述の結果の記録の内容について、格別関心があることが多いでしょう。口頭意見陳述の結果の記録について閲覧・写しの交付を求める定めがないことは、立法上の不備であるようにも見受けられます。

審理員において、口頭意見陳述の結果の記録を申立人等と共有してはならないものではありません。むしろ共有することが推奨されるともいえるでしょう。実務上、審理員が、職権により、申立人に対し口頭意見陳述の結果の記録を交付するといった対応をすることも少なくありません。ガイドラインにおいても、行審法の運用として、「『提出書類等』以外の書類（口頭意見陳述の結果（議事録）、職権調査の結果等）がある場合について、当該書類等の内容が、審理員意見書や裁決の判断の基礎となるものであると、審理員が判断した場合には、本手続とは別に、運用上、職権により、審査請求人等に対し、当該書類等の写しの交付等を行うことが望ましい。なお、この場合には、本手続による手数料を徴収することはできないことに留意する。」（第２編第３章11(ア)）と説明されています。

（水野泰孝）

再度の口頭意見陳述の申立て

Q48

審査請求人から口頭意見陳述の申立てがなされてこれが実際された後、言い忘れたことや質問し忘れたことがあるなどとして、審査請求人から再度の口頭意見陳述の申立てがなされました。審理員として、どのように対処すべきでしょうか。

A48

再度、口頭意見陳述を実施することが必要であるか否かでいえば、その必要はないといえます。

他方、再度、口頭意見陳述を実施することができるか否かでいえば、実施しても構わないといえます。もっとも、効率的・効果的な審理の観点からは、一つの審理手続において二度の口頭意見陳述を実施することは、望ましいこととはいえないので、審理員においては、他の方法で対応することができないか検討すべきでしょう。

説明

1　再度の口頭意見陳述の申立て

行審法は、審査請求人（または参加人）が申立てをして口頭意見陳述が行われた後に、再度の申立てをすることができるか否か、および、再度の申立てがなされた場合の対応について、明示的には規定はしていません（31条参照）。もっとも、行審法の合理的な解釈としては、口頭意見陳述が実施され、意見を述べる機会および質問権を行使する機会が与えられた以上、改めて口頭意見陳述を行うことを求めることまではできないということになるでしょう。

他方、審理員において、事案と状況に照らして再度口頭意見陳述を実施した方がよいと判断する場合、これを実施することが禁止されるものでもありません。

ガイドラインにおいても、行審法31条１項の解釈として、再度の口頭意見陳述の申立ての取扱いについて、「口頭意見陳述を申し立てて意見を陳述した者が、再度口頭意見陳述を申し立てた場合であっても、これに対応する必要はない。（略）ただし、審理員が特に必要性を認める場合に、再度口頭意見陳述を実施することを妨げるものではない。」（第２編第３章６㋐）と説明されており、合理的な解釈であるといえます。

2　審理員としての対応

審査請求人において言い忘れたことや質問し忘れたことがあるという場合、審理員としては、審査請求人の納得と、効率的・効果的な審理の双方を意識しながら、再度の口頭意見陳述の実施以外の方法をとることを検討すべきでしょう。

審査請求人において言い忘れたことがあるのであれば、これを記載した書面を提出してもらい、事件記録の中に綴り込むということが考えられます。また、質問し忘れたことがあるのであれば、質問事項を書面で提出してもらった上で、処分庁に対して事実上回答を促したり、行審法36条が定める審理員が行う質問の形式をとったりするなどして、処分庁に対し回答をさせるということも考えられます。

（水野泰孝）

出席しなかった参加人からの口頭意見陳述の申立て

Q49

審査請求人から申立てがなされて口頭意見陳述を実施した後、これに出席しなかった参加人から、改めて口頭意見陳述の申立てがなされました。審理員として、どのように対処すべきでしょうか。

A49

参加人から口頭意見陳述の申立てはしないという意向が示されていたなど、改めて口頭意見陳述を実施する必要がないと積極的にいえる事情がなければ、改めて口頭意見陳述を実施した方がよいと考えます。口頭意見陳述については、出席する機会が与えられるのみならず、「申立人」として能動的に参加することが、審査請求人ないし参加人に与えられた権利であるとの解釈も可能であるためです。

説明

1　審理関係人の招集

口頭意見陳述は、「審理員が期日及び場所を指定し、全ての審理関係人を招集してさせるものとする。」(31条２項）とされており、審理関係人全員を招集して実施する必要があります。

つまり、審査請求人が申立てをして実施された口頭意見陳述について、参加人にも招集がなされるので、参加人にはこれに出席する機会が与えられることになります。

設例の事案については、参加人には口頭意見陳述に出席する機会が与えられた以上、改めて口頭意見陳述を実施する必要がないという考え方もあり得るところです。

2 「質問」の実施主体は「申立人」であること

口頭意見陳述の「申立人」は、審理員の許可を得て、処分庁に対し、質問を発することができます（31条5項)。換言すれば、行審法上の規定上は、口頭意見陳述に招集された参加人であっても、それだけでは質問をすることができず、質問権を行使するには、別途口頭意見陳述の申立てを行う必要があります。

つまり、口頭意見陳述に出席する機会が与えられることと、口頭意見陳述の申立てを行って能動的にこれに参加することは、必ずしも同義ではないということになります。

例えば、参加人において、審査請求人が申し立てた口頭意見陳述の結果を踏まえて、改めて参加人として処分庁に対して質問をしたいとして、口頭意見陳述を申し立てようとすることもあり得るでしょう。

審理員としては、参加人から口頭意見陳述の申立てはしないという意向が示されていたなど、改めて口頭意見陳述を実施する必要がないと積極的にいえる事情がなければ、手続に瑕疵があるとの誹りを受けないよう、改めて口頭意見陳述を実施した方がよいと考えます。

3 実務上の対応

効率的・効果的な審理の観点からは、一つの審理手続において二度の口頭意見陳述を実施することは、原則として望ましいことではありません。

当該審理手続に参加人が加わっている場合において、審査請求人から口頭意見陳述の申立てがなされたときには、審理員としては、参加人に対し、参加人としても口頭意見陳述の申立てをするか否か、事前に確認しておくとよいでしょう。具体的には、行審法36条の定める質問として（あるいは事実上の照会として)、口頭意見陳述の申立てを行う意向があるか否かの確認をすればよいでしょう。

また、参加人が加わっている審理手続は審理すべき事項が多数になることも多いでしょうから、行審法37条の定める審理手続の計画的遂行のための意見聴取を行い、そこで参加人において口頭意見陳述の申立てをするか否かの意向を確認しておくことも考えられます。

（水野泰孝）

審理員意見書の交付時期

Q50

審理手続終結後、審理員が、審査請求人に対し、審理手続を終結した旨と、審理員意見書を審査庁に提出する予定時期を伝えたところ、審査請求人から、審理員意見書ができ次第交付して欲しいという要望が出ました。行審法上、審査庁は、行政不服審査会等へ諮問する場合には、審査請求人に対して、諮問後に審理員意見書の写しを交付することになっており、諮問をしない場合には、裁決書に審理員意見書を添付することになっていますが、それよりも早く、審査請求人に対して審理員意見書の写しを交付してもよいものでしょうか。

A50

審査請求人に対して、早めに審理員意見書の写しを交付することも許されます。

説明

1　審理手続の終結および審理関係人への通知

審理員は、必要な審理を終えたと認めるときは、審理手続を終結することになります（41条1項）。また、審理員は、処分庁が定められた期間内に弁明書を提出せず、更に一定の期間を示して提出を求めたにもかかわらず、その期間内に弁明書が提出されなかった場合や、審査請求人が定められた期間内に反論書を提出せず、更に一定の期間を示して提出を求めたにもかかわらず、その期間内に反論書が提出されなかった場合には、審理手続を終結することができます（同条2項1号イ・ロ）。口頭意見陳述を申し立てた者が正当な理由なく口頭意見陳述に出頭しないときも同様に、審理員は審理手続を終結することができます（同項2号）。

そして、審理員は、審理手続を終結したときは、速やかに、審理関係人に対して、審理を終結した旨と、審理員意見書および事件記録を審査庁に提出する予定時期を通知する必要があります（同条3項）。

2　審理員意見書の作成および提出

審理員は、審理手続を終結したときは、遅滞なく、審査庁がすべき裁決に関する意見書すなわち審理員意見書を作成しなければなりません（42条1項）。

そして、審理員は、審理員意見書を作成したときは、速やかに、これを事件記録とともに、審査庁に提出しなければなりません（同条2項）。

このように、行審法上、審理員は、完成した審理員意見書を審査庁に対して提出することとされている一方、審理員が、完成した審理員意見書の写しを審査請求人に対して送付する旨の規定は存在しません。

したがって、行審法の規定によれば、審理員が、審査請求人に対して、直接審理員意見書の写しを送付する必要はありません。

3　行政不服審査会への諮問がなされる場合

審査庁は、審理員意見書の提出を受けたときは、原則として、行政不服審査会に諮問しなければなりません（43条1項）。その際、審査庁は、審理員意見書および事件記録の写しを添える必要があります（同条2項）。

そして、行政不服審査会に諮問した審査庁は、審理関係人に対し、当該諮問をした旨を通知するとともに、審理員意見書の写しを送付しなければなりません（同条3項）。

したがって、審査庁が行政不服審査会に諮問をする場合、審査請求人は、その時点で初めて審理員意見書の写しの交付を受けることになります。

4　行政不服審査会への諮問がなされない場合

行政不服審査会への諮問がなされない場合には（43条1項各号）、諮問がなされない以上、審理関係人に対して、諮問に伴う審理員意見書の写しの送付（同条3項）はなされません。

この場合、審査庁は、裁決書に審理員意見書を添付することになります（50条2項）。そして、審査請求人には、審理員意見書の写しとともに、裁決書の謄本の送付がなされます（51条2項）。

すなわち、行政不服審査会への諮問がなされない場合、審査請求人は、裁決の時点で初めて審理員意見書の内容を知ることになります。

5　諮問前における審理員意見書の写しの交付

以上のように、行審法の規定によれば、審査庁が行政不服審査会に諮問した場合にはその時点で、審査庁が行政不服審査会に諮問しない場合には裁決の時点で、審査請求人は初めて審理員意見書の写しの送付を受けることになります。

そして、本来、審査庁は、審理員意見書の提出を受けた後、速やかに諮問をするか否かを検討、判断し、その判断に応じて迅速に手続を進めるべきですが、必ずしも迅速に手続が進まない事例も存在するようです。

他方、審査請求人は通常、諮問の有無にかかわらず、できるだけ早く審理員意見書の内容を知りたいと考えるものと思われます。また、仮に審理員意見書が、審査請求を棄却するのが相当であるという内容であれば、審査請求人は、その内容を踏まえて、早めに行政不服審査会における調査審議のための主張立証の準備を進めたいと考えるものと思われます。

そこで、審査庁が、審査請求人から、行審法の規定する時期よりも前に審理員意見書の写しの交付を求められた場合、その後の迅速な手続進行や審査請求人の手続保障の観点から、審査請求人に対して、行審法の規定する時期よりも前に審理員意見書の写しを交付することも可能と思われます。ガイドラインにおいても、「法43条3項は、審理員意見書の提出から、諮問までに長期間を要しないことを前提とした規定であることから、仮に、諮問までに時間を要する場合には、審理関係人には、先んじて審理員意見書の写しを送付することも考えられる」と記載されています（第２編第４章２オ）。

したがって、審査庁としては、審査請求人の要望や、諮問や裁決に要する時間等を考慮の上、行審法の規定する時期よりも前に審理員意見書の写しを交付することを検討すべきでしょう。

（和田　浩）

審査庁が審理員審理に関与することの可否

Q51

審査庁は、審理員による審理の進め方や、審理員意見書の内容について、何らかの意見を述べたり、結論の方向性を指示したりしてもよいでしょうか。また、審理員が審理員意見書を作成するにあたり、審査庁内部での決裁を要することにしてもよいでしょうか。

A51

いずれも許されないと考えるべきです。

説明

1　審理員

審査請求がなされた場合、審査庁は、一定の場合を除き、審査庁に所属する職員のうちから審理手続を行う者すなわち審理員を指名することとされています（9条1項）。

平成26年改正前行審法においては、審査請求の審理を主宰する者についての規定がなく、原処分に関与した職員が審理を行うことも排除されていないなど、審理手続において、制度上、公正性や中立性が十分に確保されているとは言えませんでした。

そこで、平成26年行審法改正により、審理手続の公正性を向上させる目的で、審査庁が、原処分に関与した者など一定の除斥事由（9条2項各号）に該当しない職員を審理員として指名し、その審理員が審理手続を主宰することとする審理員制度が取り入れられたのです。

こうした制度趣旨からすると、審理員は、審査庁に所属する職員ではありますが、公正かつ中立に審理を進める必要があります。

2　審理員の中立性および公正性

審理員は、上記のとおり、中立性、公正性が求められており、個々の事件においては、自らの名において審理を主宰し、最終的に審理員意見書を作成して、審査庁に提出する必要があります。

このような審理員の職責に鑑みれば、審理員は、審査庁から独立した立場で審理を進めるべきであり、審理員意見書についても、審理員が審査庁から独立して自らの責任により作成すべきです。

ガイドライン（第２編第２章１）においても、「審理員は、個々の事件に関する審理手続については、審査庁の指揮を受けることなく、自らの名において審理を行い、その結果を、審査庁がすべき裁決についての意見書である審理員意見書として審査庁に提出する役割を担うことになる」と記載されています。

仮に審査庁が、審理員に対して何らかの意見を述べたり、結論の方向性を指示したりする場合には、審理の中立性、公正性が歪められる可能性があるでしょう。

同様に、審理員意見書の作成にあたり審査庁の決裁を要することにする場合には、審理員が審査庁に忖度したり、審査庁が審理員意見書の内容の修正を指示したりする事態が発生する可能性があり、その結果、審理の中立性、公正性が歪められる可能性があるでしょう。

そして、審理の中立性、公正性が歪められる場合、行審法において審理員制度が設けられた趣旨も損なわれる結果となり、審査請求制度に対する市民の信頼が失われる可能性も否定できないでしょう。

したがって、審査庁は、審理員による審理の内容に関し、何らかの意見を述べたり、結論の方向性を指示したりすることや、審理員意見書の作成にあたり審査庁内部の決裁を要する運用とすることは、いずれも許されないと考えるべきです。

（和田　浩）

審査請求における証拠調べおよび事実認定の在り方

Q52

審理員は、審査請求において、どのように事実認定をすればよいですか。また、審理員は、審査請求人が主張していない事実を認定することは許されますか。

A52

審査請求においては、審理員は、審理関係人が提出した証拠書類等や、審理員が職権で行った調査により得られた事情に基づき事実認定をすることになります。その際、審理員は、審査請求人が主張していない事実であっても証拠調べを行い、事実認定を行うことができます。

説明

1　証拠に基づく事実認定

審査請求手続において、審査請求人や参加人は証拠書類や証拠物を提出することができ（32条1項）、処分庁もまた、処分の理由となる事実を証する書類等を提出することができることとされています（同条2項）。

また、審理員は、審理関係人の書面の提出と並行して、証拠調べの一環として、必要に応じて物件の提出要求（33条）、参考人の陳述の要求（34条）、場所の検証（35条）、審理関係人に対する質問（36条）等をすることができます。

こうした行審法の規定からも明らかなように、審査請求手続において、審理員は、証拠に基づき事実認定をする必要があります。

もっとも、審査請求における証拠に基づく事実認定の在り方は、民事訴訟におけるそれとは異なる面があります。

そこで、以下では、民事訴訟と比較しながら、審査請求における事実認定の在り方について説明をします。

2　弁論主義

民事訴訟においては、裁判の基礎となる訴訟資料の提出を当事者の権能かつ責任とするという建前がとられています。この建前を、弁論主義といいます。

弁論主義は、以下の３つの原則から構成されています。

① 裁判所は、当事者が主張していない事実を認定して裁判の基礎とすることは許されない（第１原則）。

② 裁判所は、当事者間に争いのない事実はそのまま裁判の基礎にしなければならない（第２原則）。

③ 争いのある事実について証拠調べをするには、原則として、当事者が申し出た証拠によらなければならない（第３原則）。

以上の弁論主義は、民事訴訟における基本原則です。

しかし、審査請求手続においては、弁論主義は採用されていません。そのため、審査請求における事実認定の在り方については、民事訴訟におけるそれと異なる面が存在しています。

3　職権探知主義

弁論主義第１原則によると、民事訴訟において、裁判所は、当事者が主張していない事実を認定して裁判の基礎とすることは許されません。

他方、民事訴訟において訴訟資料の探索収集を裁判所の職責でもあるとする建前を職権探知主義といい、職権探知主義の下では、当事者が主張しない事実を裁判の基礎とすることが可能です。民事訴訟においては、一般に弁論主義が採用されており、職権探知主義は採用されていませんが、行審法は、弁論主義を採用しておらず、職権探知も可能であると考えられています。

すなわち、審理員は、審理関係人が主張していない事実を認定することも可能と考えられています。例えば、審理員は、審査請求人が主張していない事実であっても、問題となる処分が違法であることを基礎付ける事実に気付いた場合には、これを認定して処分を違法と判断することが可能です。

逆に言えば、審査請求手続において職権探知が可能であることからすると、審理員は、審理関係人が主張していない事実についても目配りをし、必要に応じて審理の俎上に載せるよう努めるのが望ましいでしょう。

4　争いのない事実の認定

弁論主義第2原則によると、民事訴訟において、裁判所は、当事者間に争いのない事実はそのまま裁判の基礎にしなければなりません。これによると、裁判所は、当事者間に争いのない事実については、証拠に基づき、これと異なる事実を認定することはできません。このことは、「自白の拘束力」などと呼ばれることもあります。

他方、行審法は、弁論主義を採用していないことから、審理員は、当事者間に争いのない事実であっても、その事実を安易に認定することは許されません。

したがって、審理員は、当事者間に争いのない事実であっても、証拠に基づき認定するよう努めるべきであり、事案によっては、全当事者が認めている事実であっても、それとは異なる事実を認定すべき場合もあるでしょう。

5　職権証拠調べ

弁論主義第3原則によると、民事訴訟において、裁判所は、争いのある事実について証拠調べをするには、原則として、当事者が申し出た証拠によらなければならず、裁判所が自ら職権で証拠調べをすることは許されません。

他方、行審法は、弁論主義を採用していないことから、審理手続における職権証拠調べが可能です。行審法の条文上も、物件の提出要求（33条）、参考人の陳述の要求（34条）といった職権証拠調べが認められています。

したがって、審理員は、審理関係人の提出する証拠書類等だけでは審理として不十分であると考える場合、積極的に職権証拠調べを行い、その結果も踏まえて事実認定を行うべきでしょう。

（和田　浩）

複数の審理員間で意見がわかれた場合の結論の出し方

Q53 複数の審理員が指名された事案において、最終的に審理員の意見がわかれた場合、どのように結論を出せばよいですか。

A53 審理員の数が奇数である場合には、多数決により結論を出すのが穏当と思われます。

他方、審理員の数が偶数であり、多数決によっても結論が出ない場合には、主任の審理員の意見をもって審理員意見とする方法や、審査請求人にとって有利な意見を審理員意見とする方法などが考えられるでしょう。

説明

1　審理員およびその職務

審査請求がなされた場合、審査庁は、一定の場合を除き、審査庁に所属する職員のうちから審理手続を行う者すなわち審理員を指名することとされています（９条１項）。

審理員は、指名後、審理手続を主宰し、審査請求人や処分庁に対して書面の提出を促したり、口頭意見陳述を主宰したりします。そして、審理員は、審理手続終結後、審理員意見書を作成することになります（42条１項、43条）。

2　審理員意見書の結論の在り方

審理員意見書とは、「審査庁がすべき裁決に関する意見書」（42条１項）であり、ガイドラインにおいて、「裁決（法第50条）の原案となり得るものとすることが適当」とされています（第２編第３章15ア）。そして、審査庁の裁決は、当然に単一の結論となるものですので、審理員意見書もまた、単一の結論となるべきです。

また、審査庁の裁決において、結論が審理員意見書と異なる場合には、異なることとなった理由を裁決書に記載することとされています（50条１項４号）。すなわち、ここでも、審理員意見書の結論が単一であることが想定されていると言えるでしょう。

したがって、行審法においては、審理員意見書が単一の結論となることが想定されており、複数の結論が示されることは想定されていないと考えられます。

３　審理員の意見がわかれた場合

以上のように、審理員意見書が単一となることが想定されていることからすると、複数の審理員が指名されている場合、全員が一致するよう協議をして結論を出すべきとの考え方もあるかもしれません。

しかし、複数の審理員が指名されている場合、協議を重ねても単一の結論に達しない事態が発生することは否定できません。そのような場合には、どのように結論を出すのが良いでしょうか。

まず考えられるのは、多数決により結論を出すことです。しかし、指名された審理員の人数が偶数の場合には、多数決によって結論が出ない場合もあり得ます。

そこで、このような場合には、審査庁より「事務を総括する者」（行審法施行令１条１項）として指定された１名の審理員の意見をもって、審理員の結論とすることが考えられるでしょう。

あるいは、行政不服審査制度が、国民の権利利益の救済を目的としている趣旨に鑑みて、審理員の意見がわかれた場合や、多数決によっても結論が出ない場合には、審査請求人にとって有利な結論を審理員意見とするという方法も考えられるでしょう。例えば、審査請求を認容するのが相当という意見と、棄却するのが相当という意見にわかれた場合、審査請求を認容するという結論を審理員意見とすることが考えられるでしょう。

審理員の意見がわかれた場合には、以上のような方法により結論を出すことが考えられます。

4　審理員の意見がわかれた場合の審理員意見書

では、審理員の意見がわかれた場合に、審理員意見書はどのような内容にするのが良いでしょうか。

まず、先に述べたように、行審法上、審理員意見書は単一の結論となることが想定されていると考えられるため、審理員意見書の結論自体は、単一のものとすべきです。そして、結論が単一であるべきことからすると、結論とは異なる反対意見があったとしても、その反対意見については審理員意見書に記載すべきでないという見解もあると思われます。

もっとも、審理員意見書において、反対意見を記載することを禁止する規定は存在しません。また、審理員意見書ではありませんが、行政不服審査会の答申においては、反対意見があった旨を指摘するとともに簡潔にその内容を付記した例も存在しています（久留米市令和４年度答申第１号（令和４年６月７日答申）、静岡県令和３年度答申第19号（令和５年１月27日答申）など）。そして、結論がわかれ得るような事案であることを審理員意見書において示すことは、その後の審査庁の判断においても意味があると思われます。

したがって、複数の審理員間で結論がわかれた場合には、審理員意見書において結論を示す一方で、反対意見があった旨の指摘や反対意見の簡潔な内容を付記することも許されると考えるのが相当と思われます。

5　事前のルール設定

複数の審理員が指名される場合には、それぞれの審理員の意見がわかれる事態が想定されるため、事前に審理員同士で協議するなどして、意見がわかれた場合のルールを決めておくのが望ましいと考えられます。

この場合に定められるルールは、審理員意見に関するルールですので、審査庁が定めるのではなく、審理員同士で協議して定めるべきでしょう。

（和田　浩）

審査請求人に対する審理状況の説明

Q54

審査請求人から、審理員や審査庁に対して、頻繁に連絡があり、審査請求の手続の状況についての説明を求められたり、早く裁決をするよう要求されたりしています。このような場合、どのように対処すべきでしょうか。

A54

審理員や審査庁は、審査請求人に対して、できるだけ丁寧に審理の状況等を説明するのが望ましいと思われます。また、審査庁は、審査請求がなされた時点で、審査請求人に対して、一般的な審査請求の手続の流れを示すフローチャート等を交付するのが望ましいでしょう。

説明

1　一般的な審理員審理の流れ

審査請求がなされ、審理員が指名されると、審理員は、処分庁に対して弁明書の提出を求める必要があります（29条２項）。そして、処分庁から弁明書が提出された後、審理員は、審査請求人に対して、反論書の提出の機会を与えます（30条１項）。その後も、審理員は、必要に応じて、処分庁や審査請求人に対して書面の提出の機会を与えることになります。

また、審理員は、審理関係人の書面の提出と並行して、証拠調べの一環として、必要に応じて物件の提出要求（33条）、参考人の陳述の要求（34条）、場所の検証（35条）、審理関係人に対する質問（36条）等をすることができます。

さらに、審理員は、審査請求人の請求があれば、審査請求人に対して口頭意見陳述の機会を与えなければなりません（31条1項）。口頭意見陳述は、審理員による審理手続の終盤に実施されるのが通例です。

そして、審理員は、必要な審理を終えたと認めるときは、審理手続を終結し（41条1項）、審理員意見書を作成することになります（42条1項）。

一般的に、審理員審理は、以上のように手続が進みます。

2　審査請求人からみた審理の流れ

審理員は、審理手続を主宰する者ですので、以上のような審理手続の流れを十分に理解しており、かつ、現に進められている審理手続がどの段階にあるのかを当然に把握しています。

しかし、審査請求人は、必ずしも審査請求における一般的な審理手続の流れを熟知しているとは限りません。また、審査請求人は、現に進められている審査請求の審理手続がどの段階に達しているかということや、裁決までどの程度時間を要するかといった審理手続の見通しを持てるとも限りません。

そのため、審査請求人が、審理員や審査庁に対して、頻繁に審査請求の手続の状況について尋ねたり、早く裁決をするよう要望したりすることがあり得ます。

3　フローチャート等の交付

では、審査請求人から、審査請求の手続の状況について尋ねられたり、早く裁決をするよう要求されたりした審理員や審査庁は、どのように対応するのがよいでしょうか。

まず、前項で述べたように、審査請求人は、審査請求における一般的な審理手続の流れを熟知しているとは限りません。そのため、審査庁は、審査請求がなされた後、速やかに、審査請求人に対して、審理手続の一般的な流れを示したフローチャート等を交付するのが望ましいと思われます。そうすることで、審査請求人は、審理手続の一般的な流れを理解するとともに、現に係属している審査請求がどの段階にあるかを把握しやすくなるでしょう。

もしも審査請求がなされた段階でフローチャート等を交付していなかった場合には、審査請求人から問合せがあった段階で、審理員または審査庁から審査請求人に対してフローチャート等を交付するのが望ましいでしょう。

例えば、国税に関する審査請求を審理する国税不服審判所においては、審査請求人に対し、審理の進捗状況を分かりやすく示すため、裁決に至るまでの手続のうち、現在どの程度の進行度合いであるかを示した書面を複数回にわたって交付する等の工夫がなされています。

4　審理状況についての情報提供

審査請求人や審理員は、簡易迅速かつ公正な審理の実現のため、審理において相互に協力し、審理手続の計画的な進行を図ることとされています（28条）。

したがって、審査請求人から審理の状況についての問合せがあった場合、審理手続を主宰し、審理状況を把握している審理員は、審査請求人に対して、可能な限り審理状況についての情報を提供したり、審理終結までの見通しを示したりすべきです。

また、審理員は、審査請求人からの問合せがない場合であっても、透明性の確保の観点から、審査請求人に対して、適宜審理の状況についての情報を提供するのが望ましいといえます。

例えば、審理員が指名された後、審理員は、処分庁に対して、相当の期間を定めて弁明書の提出を求めます（29条2項）。他方、弁明書の提出期限を審査請求人に対して示すことを定める規定はなく、運用上も、審査請求人に対して弁明書の提出期限は示されないのが通例と思われます。そのため、審査請求人は、弁明書の提出時期を認識できないことから、その後の審理手続の進行について予測することが困難となります。

そこで、審理員は、審査請求人に対しても、弁明書の提出期限等の情報を提供するのが望ましいと思われます。

このように、簡易迅速かつ公正な審理の実現のために、審理員が審査請求人に対して適切に情報を提供するのが望ましいといえるでしょう。

5　早く裁決をするよう求められた場合

審理員や審査庁が、審査請求人から、早く裁決をするよう求められた場合には、どのように対応すべきでしょうか。

この場合にも、審理員または審査庁は、審査請求人に対して審理状況を示し、裁決までの手続およびこれらに要する期間の見通しを伝えるとともに、できる限り迅速な審理の実現に努めるのが望ましいと思われます。ただし、審理員による審理手続は、適正な裁決の前提となる重要な手続ですので、審理をおざなりにすべきではありません。

（和田　浩）

審査請求人が提出した証拠の取扱い

Q55

審査請求人が新たに証拠を提出したのですが、審理員としては、審査請求人が提出した証拠を処分庁に開示するべきでしょうか。または、主張書面のみを処分庁に送付して必要な反論を求めるべきでしょうか。

A55

審理員が、重要な証拠であり、処分庁に送付した上で反論を求める必要があり、そのような審理の進め方が合理的であると判断した場合は、審査請求人にその旨を通知した上で、処分庁に送付することができると考えます。

説明

1　審査請求人が提出した証拠の取扱い

審理手続において、処分庁が証拠書類を提出した場合、審査請求人は審理員に対し、提出された書類の閲覧または写しの交付（謄写）を求めることができます（38条１項）。審査請求人は、処分庁が提出した証拠書類を閲覧または謄写しその内容を確認した上で、反論の準備等を行うことになるのですが、証拠書類等の閲覧等を規定した行審法38条には、審査請求人が提出した証拠書類について、処分庁がこれを閲覧しまたは写しの交付を求めることを想定した規定は置かれていません。同条の規定によれば、証拠書類を閲覧しまたは謄写することができるのは、あくまでも審査請求人か参加人であって、そもそも、処分庁が証拠書類を閲覧しまたは写しの交付を求めることについて法律上の規定はないということになります。

処分庁は、すでに処分をした立場にあり、かつ、一般的な考え方として、処分の適法または違法の判断は処分時を基準としてなされるべきことからすれば（いわゆる「処分時説」）、審査請求人から、処分の後にいかなる証拠が提出されたとしても、処分庁は、そのような証拠に基づく審査請求人の立証に対し反証すべき立場にはない（処分庁は、処分時に存した手持ち証拠に基づいて処分の適法性を立証すべきである）というのが、処分庁による閲覧等の規定がないことの一つの理由ではないかと考えられます。

2　提出された証拠の任意開示の可否

行審法の規定からすれば、処分庁が閲覧または写しの交付を求めるための規定がなく、また審理員が、審査請求人が提出した証拠を処分庁に交付すべき根拠規定もない以上、審査請求人が提出した証拠に関しては、処分庁には送付せず、当該証拠に基づく反論を求めることもしない、ということになりそうです。

たしかに、それも一つの考え方であり、提出された証拠の内容によっては、あえて処分庁にそれを送付し反論を求める必要もないという判断もあり得るところです。しかし、仮に、審査請求人が提出した証拠書類が、審理において相応の重要性があると考えられる証拠であって、かつ、当該証拠の評価の仕方によっては、処分の適法または違法の判断にそれなりの影響があるという場合には、処分庁に対し当該証拠に対する主張を求めることが審理の実質化という観点からは重要になってくると考えられます。

このように、行審法には、審査請求人が提出した証拠の取扱いを想定した規定はないのですが、あくまでも審理員が行う審理における合理的な裁量判断として、処分庁に対し、審査請求人が提出した証拠に対する評価を含む反論を求めることはあり得る方法であろうと考えます。もっとも、審査請求人が処分庁に対する送付を想定していない、または送付を希望しないという場合もあり得ることから、こういった取扱いをするにあたっては、審査請求人に対し、あらかじめその旨の通知をしておくことが望ましいと考えます。

具体的な対応方法としては、処分庁に閲覧の機会を与える方法や、審査請求人が提出した証拠の写しを交付する方法が考えられるでしょう。

（濱　和哲）

主張書面等を直送することの可否

Q56

審査請求手続においては、審査請求人は主張書面や証拠をいったん審理員に提出し、審理員から処分庁に主張書面が送付される扱いとなっています。処分庁が主張書面を提出する場合も同様ですが、審査請求人または処分庁が直接相手方に主張書面や証拠を送付する方法を採用してもよいのでしょうか。

A56

行審法に主張書面等を直送（直接に相手方に送付）する根拠規定がない以上、主張書面等の直送は適当ではありません。

説明

1　行審法が想定する主張書面の提出方法

行審法29条１項は、「審理員は、審査庁から指名されたときは、直ちに、審査請求書（中略）を処分庁等に送付しなければならない」と規定し、30条３項は、「審理員は、審査請求人から反論書の提出があったときはこれを参加人及び処分庁等に（中略）送付しなければならない」と規定しています。

これらの各規定から分かるとおり、行審法は、審査請求人が主張書面を提出する場合、まずは審理員宛てに主張書面を提出し、それを受けた審理員が主張書面の内容を確認した上で、それを処分庁に送付すること、また、処分庁が主張書面を提出する場合も、まずは審理員宛てに主張書面を提出し、審理員が審査請求人に対し送付することを想定しています。ここでは、手続の透明性を確保する必要があることから、審査請求人および処分庁から提出される主張書面はすべて審理を主宰する審理員に集めた上で、審理員が主張内容等を確認し、相手方に送付する運用が念頭に置かれています。そのため、審査請求人が主張書面を提出する際、審理員に提出するとともに、相手方である処分庁に対しても、同時に（直接に）主張書面を提出する運用は、行審法は想定していない、ということになります。

2　行審法が想定する証拠書類の提出方法

行審法32条は、審査請求人や処分庁が証拠書類を提出することができる旨を規定していますが、これらの証拠書類はすべて審理員に宛てて提出されることになります。

行審法38条１項は、処分庁が提出した証拠書類の閲覧や写しの交付の方法に関し規定していますが、この規定によれば、審査請求人が、処分庁が提出した証拠書類を確認するためには、あくまでも審理員に対し閲覧または写しの交付の申出をする必要があることになります。

主張書面の取扱いと同様、行審法は、処分庁が相手方である審査請求人に対し、証拠書類を直接送付する方法は想定していないということになります。

3　訴訟における主張書面および証拠の取扱い

原告と被告が民事上の紛争について争う民事訴訟においても、原告および被告が主張書面や証拠書類を提出し、裁判所が審理するということが行われています。このような構造は、審査請求手続における審理員を起点とし、審査請求人と処分庁が必要な書面を提出する構造に類似しているといえます。

民事訴訟においては、主張書面の提出方法に関し、「当事者は、準備書面について、(中略）直送をしなければならない」との規定がありますので（民事訴訟規則83条)、原告が主張書面（民事訴訟においては「準備書面」と呼びます）を提出しようとする場合、これを裁判所に提出するとともに、同じ内容の書面を相手方である被告にも送付する必要があります。相手方である被告は、原告から準備書面を直接受け取りますので、裁判所に対し閲覧や謄写の申請をする必要はありません。証拠書類の提出方法もこれと同様であり、原告が証拠書類を提出しようとする場合は、裁判所とともに、相手方である被告に対しても同じ書類を提出することになります。

これにより、民事訴訟においては、常に、裁判所、原告、被告といった訴訟当事者が同じ主張書面と証拠書類を手許に持った状態で審理に臨むということになります。

４　審査請求手続における直送取扱いの可否

民事訴訟において採用されている主張書面や証拠書類の「直送取扱い」は、審査請求手続においても採用してよいでしょうか。

上記１及び２に記載のとおり、行審法には直送取扱いを根拠付ける規定はありませんので、処分庁が審査請求人に対し、主張書面や証拠書類を直送することは法律が想定する取扱いではないといえます。しかし、事案によっては、審理員にいったん主張書面や証拠書類を集めた上で、審理員を介して相手方にそれを送付するという取扱いが迂遠であり、審理に手間と時間を要してしまう、ということもあり得るところです。例えば、審査請求人に代理人として弁護士が就任しているケース等では、事案や審理状況によるとはいえ、「直送扱い」を認めた方が、審理がスムーズに進行するケースが多いとも思われます。

しかし、審理員としては、行審法に基づき公正に審理手続を遂行すべきであり、行審法上は「直送扱い」を可能とする規定が存在しない以上、運用としても、直送扱いによることはできないと考えます。たしかに、すべての審理関係人が直送扱いとすることに同意する場合には、行審法が規定する手続と異なる方法で審理を進めることに実質的な弊害はないともいえますが、やはり、法律に基づく公正な審理という観点からは、行審法が想定しない手続を実務の運用という理由で推し進めることは適切ではありません。

他方、事案によっては「直送扱い」とすることが合理的であるという事案もあることからすれば、この点に関しては、法改正によって審理員がそのような方法も選択できる旨を追加すべきであると考えます。

（濱　和哲）

証拠説明書の提出の求め

Q57 処分庁から多数の証拠が提出されたのですが、審理員は、処分庁に対し証拠説明書の提出を求めたほうがよいでしょうか。審査請求人が証拠を提出する場合も、証拠説明書の提出を求めたほうがよいのでしょうか。

A57 行審法には証拠説明書に関する規定はありませんが、審査請求の審理においても、証拠説明書を積極的に活用することは望ましいと考えます。

説明

1　民事裁判における証拠説明書の取扱い

民事裁判において、原告または被告が証拠を提出する場合、これと同時に証拠説明書を提出することが必要となります。民事訴訟規則137条１項は、「文書を提出して書証の申出をするときは、（中略）文書の標目、作成者及び立証趣旨を明らかにした証拠説明書（中略）を提出しなければならない」としています。

民事裁判の実務上、証拠説明書は、当事者が証拠によって何を証明しようとしているのかを明らかにし、証拠書類のうちどこに注目してみるべきなのか、その証拠は誰がいつ作成したものなのかを明らかにする書類として、非常に重要な役割を担っています。民事裁判における事実認定は証拠によって行う必要があることからも、民事裁判においては、当事者が提出した証拠によってどの事実を立証することができるのか、といった視点は非常に重要になります。

2　審査請求手続における証拠説明書

行審法は、証拠の提出についての規定は置くものの（32条）、その際、証拠説明書をあわせて提出すべき旨の規定は置いてません。そのため、審査請求の審理においては、あまり証拠説明書が活用されていることはないように思います。

しかし、上記１のとおり、民事裁判では証拠説明書の作成と提出が法定されていることや、証拠説明書が実務上も非常に重要な役割を担っていることにかんがみると、審査請求の審理においても、証拠の提出者に対し証拠説明書の作成を求めることは望ましいと考えます。実際にも、そういった運用を行っている自治体もありますし、弁護士が審査請求人の代理人である場合は、証拠を提出する審査請求人の側から証拠説明書が提出される場合もあります。

また、証拠説明書には、証拠によって証明しようとする事実を明確にするという機能のほか、どういった証拠が提出されたか一覧することができるという効用もあります。処分庁から証拠書類が提出された場合、審査請求人はこれらを閲覧し謄写する必要があるわけですが（38条）、処分庁から証拠説明書が提出されている場合には、審理員は審査請求人に証拠説明書を示すことによって提出された証拠の標目を知らせることも可能となります。

審査請求の審理は、民事裁判とは異なるものの、審理において証拠が重要な機能を持つことに違いはありませんので、証拠説明書に関しては積極的に活用していくことが望ましいのではないかと考えます。

（濱　和哲）

証拠の写しの提出の求め

Q58　審理員から処分庁に対し、処分庁から提出される証拠について、審査請求人に交付するものも含めて２部提出するよう求めてもよいでしょうか。また、それを、審査請求人に対して、交付してもよいでしょうか。

A58　処分庁に対し証拠を２部提出することを求める運用は行審法が想定する手続とは異なるため、これを原則的運用とすることはできません。

説明

1　閲覧および写しの交付の手続

行審法は、処分庁が提出した証拠書類に関して、審理員が閲覧または写しの交付の手続によらず審査請求人に交付することは予定していません。行審法38条は、審査請求人は、あくまでも、審理員に提出された証拠書類は、閲覧または写しの交付の方法によって入手すべきことを規定しています。

2　処分庁に証拠を２部提出させることの是非

行審法は証拠の閲覧および写しの交付という方法を通じて、処分庁が提出した証拠が審査請求人に開示されることを予定しているため、あらかじめ、審理員が処分庁に対し、審査請求人に送付する分も含む２部の証拠書類の提出を求めることは行審法が想定する手続とは異なります。

ここで、行審法38条が証拠書類等について閲覧または写しの交付の手続を規定している趣旨に立ち戻って考えると、（市町村長が審査庁であり処分庁である例を念頭におくと）処分庁の担当者および審理員はいずれも審査庁に属する職員であるため、審理員に対する証拠書類等の提出は、審査庁内の書類の移動となることから、その時点ではまだ外部への開示という状況にはなっていません。そのため、あえて、公文書公開条例における非開示事由を意識して証拠書類等にマスキングをする等の措置をとることなく、審理員に証拠書類等が提出されているのが実務的対応であろうと思います。しかし、審査請求人は審査庁に属する者ではないので、証拠書類等を交付するとなると、審査庁外に書類が開示されることになることから、開示することが相当かどうかという判断が必要となります。そのため、処分庁が提出した証拠書類等はそのまま審査請求人に送付されるのではなく、あくまでも、閲覧または写しの交付の手続を経て、開示可能な範囲を確認した上で審査請求人に送付するものとされています。

以上を踏まえた上で、設問を改めて検討すると、審理員が処分庁に対し２部の証拠書類の提出を求めることは行審法が想定する手続ではないので、すべての事案においてこのような運用を行うことはできません。また、審査請求人が証拠書類の写しの交付を求める場合、手数料を納めなければならないとされていることからしても（38条４項）、本来は、審査請求人が手数料を負担した上で、証拠書類の写しの交付を求めるべきであるともいえます。しかし、処分庁が提出する証拠には非開示とすべき部分がなく、かつ処分庁としても、審査請求人に証拠書類が送付されることに異論はなく、事案の内容や性質からして、審理員としても速やかな証拠書類の送付が望ましいと判断する場合には、審理員による審理手続の一つの進行方法として、処分庁に対し審査請求人に送付すべき証拠書類を含む証拠書類の提出を求める運用は許容されるのではないかと考えます。

（濱　和哲）

主張書面と証拠の区別

Q59

審査請求人から主張書面とそれを裏付ける資料が提出されたのですが、審査請求人によると、資料は証拠という扱いではなく、主張書面と一体となる参考資料であるという説明でした。この場合、資料は証拠として取り扱わなくてよいのでしょうか。

A59

行審法においても主張と証拠は区別して取り扱われます。参考資料として提出された書面は「証拠」として取り扱うのが望ましい場合が多いと思われますが、審査請求人の意向が参考資料は主張書面と一体として取り扱ってもらいたいというものである場合は、その意向に従った取扱いをするのが望ましいと考えます。

説明

1　民事裁判における主張書面と証拠書類の区別

民事訴訟においては、「主張」と「証拠」が区別されており、裁判所は当事者が主張していない事実を認定して判決の基礎とすることはできません（弁論主義）。また、裁判所は、当事者の主張において争いのある事実については、証拠によって認定する必要があります（証拠裁判主義）。民事訴訟では、当事者の主張によって審理の範囲が画されることになり、双方の主張によって形成された争点を証拠によって認定するという構造をとることから、「主張」と「証拠」の区別は重要であり、裁判実務上も両者は明確に区別して取り扱われています。

2　行政不服審査における「主張」と「証拠」

行政不服審査は、「行政救済手続」であり「司法救済手続」である訴訟とは異なる手続です。そのため、訴訟における主張や証拠の考え方がそのまま妥当するものではありません。

むしろ、行政不服審査においては、審査請求人が主張していない違法事由であっても、審理員や審査会がそれを発見した場合、当該違法事由を理由として取消しをすることができます。これは職権主義の一つの現れですが、職権主義は行政不服審査手続の多くの場面で見られるところであり、この点は訴訟手続とは大きく異なります。

このように訴訟と行政不服審査には異なるところも多くある一方、行審法も「主張」と「証拠」を区別する方法で各手続を規定しています。例えば、審査請求書（19条）、弁明書（29条）、反論書等（30条）はいずれも「主張」を記載した書面として位置付けられていますが、32条は、「審査請求人又は参加人は、証拠書類又は証拠物を提出することができる」（1項）として、主張書面とは別のものとして証拠書類を位置付けています。

審査請求の実務においては、記録の編綴等の際、主張書面と一緒に提出された証拠書類についても、主張書面に続けて編綴がされるなど、あまり主張書面と証拠書類の区別を意識した整理がされていないケースが多いように思います。しかし、行政不服審査においても、（訴訟ほどではないにせよ）主張と証拠は区別されていますので、記録の編綴の際も、区別して整理するのが望ましいといえます。

3　「主張書面と一体となる参考資料」という取扱い

審査請求人が提出した主張書面において、主張の末尾に「参考資料1」などの記載があり、主張書面に続けて参考資料が添付されるケースがよくあります。訴訟の場合は、主張書面と証拠書類は明確に区別して取り扱われますので、仮に、主張書面に参考資料を添付して提出された場合は、裁判所において、主張書面と証拠書類を区別して編綴するという取扱いがされることになります。

他方、行政不服審査においては、主張書面と証拠書類が訴訟における取扱いほどは明確に区別されていませんので、上記のケースのように、主張書面の末尾に参考資料が添付されたという場合は、全体として１通の主張書面であると理解して、主張書面として取り扱うということはあり得るところかと思います。

最終的には、参考資料として添付された書類がどういったものであるか、審査請求人がそれを参考資料として添付するということにどれほど強い意向をもっているのか、ということに基づいて判断することになりますが、行審法においても主張と証拠は区別して取り扱われているということにかんがみた場合、審理員としては、審査請求人に対し区別して記録にすることを打診し、それでも構わないという場合は主張と証拠に区別して記録にするという扱いが望ましいように思います。これに対し、審査請求人が参考資料は主張書面と一体として扱われることを強く希望する、という場合には、審理員としてはその意向も踏まえて判断することになりますが、強く明確な意向がある以上、その意向に従って一体の書面として扱うことになると思われます。ガイドライン（第２編第１章１）においても、「審査請求書とともに証拠書類等と思われる書類等が添付されていた場合」について、「審査庁の担当職員は、早急に当該書類等の提出者に対し、審査請求書と証拠書類等との取扱いの違いを説明して証拠書類等として提出したものか、審査請求書と一体をなすものとして提出したのかを確認する」とされています。

添付された参考資料も含めた一体の書面として取り扱う場合には、審理員は、全体を主張書面として取り扱い、処分庁に対しこれを送付することになります。これに対し、主張と証拠を区別して記録するとした場合は、審理員は主張書面として整理された書面のみを処分庁に送付することになります。一体として取り扱うかどうかに関する議論の実務上の実益は主にはこの点にあろうかと思われます。

（濱　和哲）

審理手続の併合

Q60　審理手続の併合とは、具体的にはどのような場合になされるのでしょうか。また、いったん併合した審理手続を分離する場合の具体例を教えて下さい。

A60　「併合」は複数の審査請求に係る争点が共通である場合等に行われる手続であり、「分離」は併合した事件の一部につき審理を終えた場合等に行われる手続です。

説明

1　審理手続の併合または分離

行審法39条は、「審理員は、必要があると認める場合には、数個の審査請求に係る審理手続を併合し、又は併合された数個の審査請求に係る審理手続を分離することができる」と規定しています。

「併合」とは、数個の審理手続を一つの手続として審理を行うことです。この場合は、１通の裁決書によって裁決がされることが多いと思われますが、裁決は審査庁が行うため、「審理員の判断で数個の審査請求に係る審理手続を併合した場合でも、当然に一の事件として裁決をすることになるものではない」（ガイドライン第２編第３章12）とされています。他方、「分離」とは、いったん併合され一つの手続で審理がされていた手続につき、別々に審理する必要があるとされた場合に別々の手続に戻すことを言います。

2　審理手続の併合の例

審理手続を併合する場合の考え方について、ガイドラインは、「審理手続の併合は、審理の円滑かつ迅速な進行と手続経済の観点から、個々の審査請求事件の関連性、審理手続の進行状況等を踏まえて行われるものである」（第２編第３章12）との解釈を示した上で、以下のような具体例を示しています。

・複数の審査請求に係る処分等が相互に関連しており証拠書類等が共通する場合や、審理関係人が共通しており口頭意見陳述等の手続を一括して行うことにより審理をより円滑かつ迅速に進めることができる場合
・争点を共通とする大量の審査請求（例えば、支給基準の変更や施設の未整備を違法とするものが考えられる）など審理手続を個別に行うよりも当該争点についての審理を一括して行うことが効率的である場合

例えば、同一の審査請求人が複数年度の課税処分に対し審査請求を行うような場合であって、いずれの年度の課税処分の争点も同一である場合は、審査請求事件を併合することが望ましいと考えられます。

3　審理手続の分離の例

併合とは逆の場合になりますが、審理手続の分離について、ガイドラインは、「審理手続を併合して行うことが適当でないと認められる場合は、具体的には以下のものが想定されるが、個々の事案に応じて、審理員が適切に判断する必要がある」との運用を示した上で、以下のような具体例を示しています（第２編第３章12）。

・一部の審査請求事件について、必要な審理を終えたと認められるに至った場合
・審理手続の進行に伴って、各事件の争点等が区々となり、一の手続により審理を進めるメリットが失われた場合

例えば、いったん併合して行った審理に関し、そのうち一つの審査請求事

件について必要な審理を終えた場合がこれに当たると考えられます。

4　併合の効果

ガイドライン（第2編第3章12）では、併合の効果を以下のように整理しています。

・併合前の各審査請求についての審査請求人・参加人は、併合審理される審査請求全体の審査請求人・参加人として取り扱われ、他の審査請求事件に係る審理手続の申立てや物件の閲覧等の請求も可能となる。
・併合審理される数個の審査請求についての弁明書等の主張内容を記載した書面は、これらの審査請求全体に共通のものとして提出され、共通の審理資料として活用される。
・併合前に一の審査請求について提出された証拠書類等の物件は、併合された審査請求全体に共通の審理資料として活用される。

5　まとめ

併合および分離は、いずれも審理員の判断によりなされるものですが、実務上も審理を迅速かつ効率的に行う方法として用いられています。

（濱　和哲）

執行停止をすべき事案

Q61

審理員は執行停止の意見を述べることができる（40条）とされていますが、審査庁が執行停止をするべき事案とは、例えばどのような事案でしょうか。

A61

例えば、処分の効力を維持したままにすると、審査請求人に重大な損害が生ずるおそれがあり、それを避けるため緊急の必要がある事案について、執行停止制度を活用することが考えられます。具体的には、生活保護受給者に対し保護の廃止決定がされたが、保護が廃止されたままでは生活に困窮し日々の食事すらままならないような事案は、審理員が執行停止の意見を述べることを検討すべき事案であるといえるでしょう。

説明

1　処分の執行不停止原則

行審法25条１項は「審査請求は、処分の効力、処分の執行又は手続の続行を妨げない」と規定しています。これは、審査請求がされた場合であっても、処分の効力が停止されたり、処分の執行や手続の続行が停止されるわけではないという意味であり、「執行不停止原則」と言われます。

仮に、「執行不停止」ではなく、「執行停止」を原則としてしまうと、自分に不都合な処分があった場合、とにかく審査請求をしさえすれば、これにより処分に基づく行政手続が停止することになりますが、これを認めると行政手続の円滑な進行が阻害されることになることから、行審法は「執行不停止」を原則としています。

行政事件訴訟法も、25条１項において「処分の取消しの訴えの提起は、処分の効力、処分の執行又は手続の続行を妨げない」と規定し、同じく「執行不停止」を原則としています。

2　執行停止制度

１に記載の理由から、行審法では、「執行不停止」が原則とされていますが、執行不停止原則を貫くと、処分に対し審査請求がされているのに、そのまま手続が続行されてしまった結果、審査請求の利益がなくなったという状況(いまさら処分の取消しを求めても意味がない状況）になったり、審査請求人にとって重大な不利益が生じてしまう場合があったりします。例えば、生活保護の廃止処分がされたが、それが事実誤認に基づく判断であった場合（収入認定に誤りがあったようなケース)、審査請求人としては、審査請求を行い、処分の取消しを求めたとしても、執行不停止が原則であるため、生活保護は廃止された状態が続いてしまうことになります。その結果、審査請求人に著しい生活困窮状態が生じてしまう場合もあり得るところであり、そういった状況を回避するため、生活保護の廃止の効力をいったん停止し、その状態のもとで審査請求手続を進める、ということが考えられます。

また、地方税法に基づく預金の差押えがされたことに対し審査請求がされたが、その後、処分庁（市町村長）が差押えに基づく執行をしてしまうと、差押えに対する審査請求の利益がなくなる可能性があります。そうなると、審査請求人としては、差押えの適法性を争って審査請求をし、審査請求における審理が進行中であるにもかかわらず、執行がされたことにより審査請求の利益がなくなり却下されてしまう、という結果になります。こういった事案を避けるためにも、処分（差押え）の効力を停止するか、または手続の続行を停止するといったことが考えられます。

行審法上、執行停止は、①職権による場合と②申立てによる場合の２つの場合が規定されています。

①職権による執行停止

審査庁が処分庁の上級行政庁または処分庁である場合は、審査請求人の申立ての有無にかかわらず、必要があると認めるときには、職権で執行停止をすることができます。

②申立てによる執行停止

審査庁が処分庁の上級行政庁または処分庁のいずれでもない場合は、審査庁は職権による執行停止をすることはできません。審査請求人の申立てがあった場合に限り、審査庁がその必要性を判断し、処分庁の意見を聴取した上で、必要があると認めるときには執行停止をすることができます。

3　執行停止の要件

審査請求人の申立てがあった場合、審査庁は、処分、処分の執行または手続の続行により生ずる重大な損害を避けるため緊急の必要があると認める場合には、以下の場合を除き、執行停止をしなければなりません。

・公共の福祉に重大な影響を及ぼすおそれがあるとき
・本案について理由がないとみえるとき

実務上、執行停止がされた例は少ないですが、審査請求書の提出と同時に、執行停止の申立てがされる例はまれにあります。

仮に、審査庁が執行停止を認めないとする判断をした場合でも、審理員は、審査請求人が執行停止を求めている事案や、執行停止の申立てがない場合でも、執行停止すべき必要がある事案と認めたときは、執行停止に関する意見書を提出すべきかを検討する必要があります（40条）。

（濱　和哲）

第 4 章　行政不服審査会への諮問

審理員に対する事実確認

Q62　審査会の調査審議において、審理員意見書の内容に確認すべき事項が生じた場合、審理員に対し、直接内容の確認を求めてもよいでしょうか。

A62　審理員が審理員意見書を提出した後であっても、審査会が審理員を「適当と認める者」（74条）にあたると判断した場合は、審理員に対し事実確認を求めることは可能です。

説明

1　審査会の調査審議における審理員意見書の位置付け

審査庁は、審理員から審理員意見書の提出を受けたときは、審査会に対し諮問をするものとされています（43条１項）。諮問にあたっては、審理員意見書と事件記録の写しを添えなければならないとされていますので（同条２項）、諮問を受けた審査会は、審理員意見書を含む事件記録を検討することになります。

審理員意見書は、審査会が審査請求事件の概要や争点を把握するためにはもっとも分かりやすく整理された資料になりますので、審査会における調査審議の実務においても、最初に審理員意見書を確認して事案の全体像を把握し、個別の証拠資料を検討するという方法がとられることが多いのではないかと思われます。もちろん、審査会は、審理員の意見に拘束されることはなく、審理員の審理のやり方に誤りがある、または審理が不十分であると考えた場合には、職権で調査することも可能です。その意味では、審理員意見書はあくまでも、審査会の調査審議における参考資料という位置付けではありますが、実務上、審理員意見書は調査審議において非常に重要な役割を果たしています。

2　審理員に対する事実確認

審理員は、審理手続を行う者として審査庁により指名された者であり（9条1項)、審理員は、審理手続を行った上で、審査庁に対し審理員意見書を提出することをその職務としています。

行審法は、審理員意見書の提出に関し、「審理員は、審理手続を終結したときは、遅滞なく、審査庁がすべき裁決に関する意見書を作成しなければならない」（42条1項）とし、「審理員は、審理員意見書を作成したときは、速やかに、これを事件記録とともに、審査庁に提出しなければならない」（同条2項）としています。

これらの規定によれば、審理員が審理員意見書を提出した場合、審理手続はすでに終結しており、かつ審理員は事件記録を審査庁に提出している状態にあるということになりますので、審理員が審理員意見書を提出した時点で、審理員の職務は終わったことになります。

審査会の調査審議において、事実関係に不明点が生じたり、または、さらに調査が必要ではないかと思われることが生じることはよくあることです。この場合、審査会として、職権で必要な調査を行うことはできますし（74条、81条1項)、現に、審査会による職権調査が行われる例も多くあります。

他方、あえて職権調査として第三者を対象とした必要な調査を行うというほどではないが、審査会として事実関係について念のための確認をしておきたいという場合、先行して審理を行った審理員に対し、事実関係を確認したいということも考えられるところです。しかし、審理員は、審理員意見書を審査庁に提出した時点で、すでに審理員としての職務を終えた状態にありますので、審理員として審査会の調査に応じる必要があるのかについてやや疑問が残ります。

この点に関しては、ガイドラインにおいて、「審理手続の終結の権限が審理員に与えられていることを考慮すれば、審理員が、審理手続に手続上の不備があり、審理手続を再開する必要があると判断する場合には、審理手続の終結及び審理員意見書の提出を撤回し、審理員が審理手続を再開することは可能であると考えられる」（第２編第４章２）とされていることからすれば、審理員が審理員意見書を提出した後も、少なくとも裁決がされるまでの間は、審理員としての地位を保有した状態にあると考えられます。そうすると、審理手続を終えた後においても引き続き審理員の地位があるといえますので、審理員が審査会にとって「適当と認める者」（74条）にあたる場合には、審理員が審査会の調査に応じるということは可能であると考えられます。

実務上の運用として、審査会に対する事案説明の際、審理員が事案の説明を行うという方法を採用する自治体もあるようですが、以上の運用は、審理員が審査会にとって「適当と認める者」にあたることを前提として、事案の説明を行っているという理解になると考えられます。

（濱　和哲）

職権で収集した資料の取扱い

Q63

当事者が提出した主張書面や証拠以外の資料（審査会が職権で収集した資料）が答申の判断の基礎となり得る場合においては、審査請求人に対し、当該資料を提供することが望ましいと考えますが、資料の提供はどの時点で行うのが望ましいでしょうか。

A63

審査会が職権で収集した資料に基づいて答申を行う場合、審査会としては、審理関係人に対し不意打ちとならないよう、答申書を提出する前に当該資料を開示するなどして、審理関係人が当該資料に関し主張を補充する機会を付与するのが望ましいと考えます。

説明

審査会は、必要があると認める場合には、審査請求事件に関し職権での調査を行うことができます（74条、81条1項）。実務上も、審査会は、審査請求事件に関し不明点が生じた場合や確認すべき事項が生じた場合は、審査庁を通じ関係先に照会を行う等することで、不明点等を解消しています。

審査会は職権での調査をすることができますので、調査権限に基づいて関連する資料を収集する場合もあります。こういった資料は、審査会がとくに必要であると判断し、収集した資料になりますので、答申の判断において重要な意味を持つ場合が多いと考えられます。しかし、行審法上、審査会が職権で収集した資料について、審理関係人に開示する旨を定めた規定はありません。

審査会の答申は、審査庁の裁決内容を拘束するものではなく、審査庁は審理員意見書の内容や答申の内容を踏まえつつも、審査庁の判断として裁決をすることからすれば、審査請求人にとっては、答申がどのような内容であれ、最終的には裁決が自らが求める内容となっていればよいわけですので、審査請求人が答申の内容それ自体に強くこだわる必要はないとも考えられます。

しかし、審査請求の実務において、答申は裁決に対し相当程度強い影響を有しており、行審法上も、裁決の主文が答申と異なる場合にはその理由を記載すべき旨が規定されています（50条１項４号かっこ書き）。このことからすれば、審理関係人にとって、まったく想定していなかった資料に基づいて答申がされることが望ましい事態であるとはいえず、また、審査会としても、審理関係人にとって不意打ち的となる判断は避けるべきであると考えます。

そのため、審査会としては、職権で収集した資料が答申において重要な資料となる場合には、あらかじめ、審理関係人に対し職権で収集した資料を開示して、当該資料に関し、追加的な主張を行うかどうかを確認する（主張の機会を付与する）ことが望ましいと考えます。

なお、審査庁が職権調査した場面を念頭においた記載ですが、ガイドラインにも、「答申を踏まえて、裁決を行うにあたり、補充調査が必要なときは、審査庁にて必要な調査を行ってから速やかに裁決する。なお、この場合には、審理関係人が了知しない事実等に基づいて、審査庁がすべき裁決の内容について判断することは避ける必要があることから、新たに調査して把握した事実については、審理関係人に職権で交付等することが望ましい」とされています（第２編第５章２）。

（濱　和哲）

審査会に対する諮問の仕方

Q64　**審理員意見書の提出があった後、審査庁が審査会に諮問する場合、諮問の仕方に法律上の決まりはあるのでしょうか。**

A64　諮問の仕方については、行審法43条２項を除き、行審法上の定めはありません。どのような仕方で諮問をするかは実務の運用に委ねられています。

説明

1　諮問に関する規定

審理員が審理手続を終えた場合は、遅滞なく審理員意見書を作成し、速やかに、審査庁に提出する必要があります（42条１項・２項）。

審理員意見書の提出を受けた審査庁は、行審法43条１項各号に該当する場合を除いて、審査会に対し諮問をしなければなりません（43条１項）。

諮問にあたっては、「審理員意見書及び事件記録の写しを添えてしなければならない」とされていますが（同条２項）、どのような内容または方法で諮問をするべきかに関し、行審法は具体的な定めを置いていません。

なお、総務省に置かれる行政不服審査会（67条１項）が定める行政不服審査会運営規則は、裁決についての審査庁の考え方およびその理由を記載した書面（諮問説明書）を諮問の際の添付資料とすることを定めています（行政不服審査会運営規則６条１項２号）。

2　諮問の仕方（内容・方法）

「諮問」とは、有識者や特定の機関に対し意見を求めること、という意味ですが、審査庁が審査会に対し諮問をするにあたり、どのような内容または方法で意見を求めるのかについては、複数の考え方があり得るところです。

例えば、「審査庁として、本件の審査請求は棄却すべきであると考えているが、審査会としてはどのように考えるか（または審査庁の考えは妥当か）」という諮問の仕方が考えられます。これは、審査庁としての意見を明示した上で、審査庁の意見の妥当性の判断を求めるものです。

これとは別に、「審理員意見書にあるような事案があり、審理員から意見書が提出されているが、審査会として改めて審査を行い、請求を棄却・却下すべきか、認容すべきかの意見を求めたい」という諮問の仕方も考えられます。これは、審査庁としての考え方は明示せず、審査会に再度の審査を求める方法であるといえます。

審査会は、審査会の立場において必要があれば職権で調査を行い、事案を審査することになりますので、どのような仕方（内容・方法）で諮問がされたとしても、諮問の仕方（内容・方法）に拘束されることはありません。また、上述のとおり、法律には諮問の仕方に関する規定はありませんので、審査庁がどのような方法で諮問をするかについては、実務に委ねられていると考えられます。

この点に関し、ガイドラインは、「諮問は、一般的には、行政不服審査会等の定めるところにより行うこととなる。なお、行政不服審査会等が諮問の具体的方法について定めていない場合は、諮問書又はその添付書類において、審査庁としてしようとする裁決についての考え方、具体的には、裁決の主文に相当する内容やその理由等を明らかにして行うことが考えられる」としています（第２編第４章２）。自治体の審査会においても、運営規則等が定められている場合が多いと思われますが、その場合は、運営規則等に基づいて諮問がされることになりますし、仮にそういった規則等の定めがない場合は、ガイドラインに沿って、「裁決の主文に相当する内容やその理由等を明らかにして行う」のが望ましいと考えます。

（濱　和哲）

全部認容があり得る場合における諮問の可否

Q65

審理員意見書が審査請求を全部認容するという内容である場合であって、審査庁としても全部認容があり得るとの判断をしている場合、審査庁が審査会に諮問することはできますか。

A65

行審法の適用上、諮問することは可能ですが、実際に諮問をするかどうかに関しては、慎重に判断するべきです。

説明

1　諮問をしなくてもよい場合に関する法律上の規定

行審法43条１項は、「次の各号のいずれかに該当する場合を除き、（中略）諮問しなければならない」旨を定めています。そのため、行審法上、同項各号に該当しない場合、審査庁は審査会に対し諮問をしなければなりません。そのうち、７号は審査庁が裁決によって処分の全部を取り消すこととする場合を定めていますので、この場合は、「諮問をしなければならない」場合にはあたらないということになります。これは、裁決によって処分を取り消すことになる場合は、あえて審査会の審査を経る必要がないと考えられることから、諮問を不要とするものです。

2　設問の場合における諮問の可否

設問では、審理員意見書において、審査請求を認容すべき（処分を取り消すべき）との意見が述べられており、かつ、審査庁としても、審査請求を認容して処分を全部取り消すこともあり得るという状況であると考えられます。

審査庁が審理員意見書の提出を受けた後の判断として、裁決によって処分を取り消すという判断をすでに固めている場合は、もはや諮問を経る必要はなく、速やかに処分を取り消す旨の裁決をするべきです。しかし、審査庁として、処分の取消しもあり得るが、本当に取り消してしまってよいのか迷いがあるという場合もあり得るところです。その場合は、審査庁としても、念のため、審査会の意見を求めたいという判断になることは考えられるところです。

行審法43条１項は、「次の各号のいずれかに該当する場合を除き」諮問しなければならないと規定していますが、次の各号のいずれかに該当した場合、諮問してはならない旨を規定しているわけではありません。すなわち、条文上は、次の各号のいずれかに該当する場合であっても、審査庁の判断により、あえて諮問するということは禁止されていないということになります。

このことからすれば、設問の場合において、審査庁が審査会に諮問することは可能であると考えられます。なおこの点に関し、ガイドラインも、「審査請求を却下又は全部認容しようとする場合など、行政不服審査会等への諮問を要しない場合であって、裁決を行う際の判断が困難な場合に、運用上、有識者（専門家）に意見を聞くことは、妨げられない」としています（第２編第４章２）。ガイドラインが「諮問することは、妨げられない」とせず、「有識者（専門家）に意見を聞くことは、妨げられない」とした理由は判然としませんが、必ずしも、諮問自体を不可とする趣旨ではないと考えられます。

ただし、行政不服審査は、簡易迅速な権利救済を目的とする手続ですので、安易に、念のため審査会の意見を求めておくといった趣旨で諮問をすることは適当ではありません。設問のような場合において審査庁が審査会に諮問をすることは慎重であるべきであり、審査請求人からあえて諮問をした理由を問われた場合、十分な理由を示すことができる場合に限るのが適当であると考えます。

（濱　和哲）

審理員による再審理を求める旨の答申

Q66 審理員意見書に判断の脱漏や、審理不尽があると判断した場合、再度（改めて）審理員審理を実施させるのが相当である旨の答申をすることができますか。

A66 行審法には、再度（改めて）審理員審理を求める答申をすることを禁止する規定はありませんので、審査会が審理員により再審理が必要であると判断した場合には、その旨の答申をすることはあり得ると考えます。

説明

1　答申に関する規定

審査会は、審査庁の諮問を受けて必要な調査を行い、答申書を作成し審査庁に提出します。答申は諮問に対する応答ですが、行審法は諮問の内容や仕方に関しては、特段の規定を置いていません。他方、答申に関しても、行審法は、「審査会は、諮問に対する答申をしたときは、答申書の写しを審査請求人及び参加人に送付するとともに、答申の内容を公表するものとする」との規定を置くのみであり（79条）、答申の内容や仕方に関する規定は置かれていません。

すなわち、行審法は、審査庁による諮問、諮問を受けた審査会による答申のいずれに関しても、具体的な定めは置いていないということになります。

2　一般的な答申の方法

一般的に、諮問に対する答申は、①審査請求を却下する、②審査請求を棄却する、③審査請求を認容する（処分を取り消す）のいずれかの結論を明示して、その上で、結論に至った判断過程（理由）を示す方法がとられています。

「却下」とは、審査請求が本案前の要件を満たさない場合の判断であり、「棄却」は、本案前の要件は充足するが、審査請求に理由がない場合の判断となります。他方、審査請求を認容する場合とは、処分の取消しを求める審査請求の場合は、審査請求の対象となった処分を取り消すべき旨の意見を述べる場合となります。審査請求を認容する場合には、全部認容（審査請求人の請求のすべてを認める場合）と一部認容（審査請求人の請求のうち一部のみを認める場合）があります。

民事訴訟（行政訴訟）における判決が「却下」「棄却」「認容」という区別で行われることから、行政不服審査における答申、裁決もこれと同様の方法でされています。

3　再度（改めて）審理員審理をさせる旨の答申をすることの可否

審査庁から諮問を受けた審査会が事案を調査審議する過程において、審査請求人の請求に対し判断が示されていない部分がある、または、審理員の審理が不十分であるといった心証を持つことは少なからずあります。審理員が適切に審理を行ったと考え審理員意見書を作成した場合であっても、審査会が別の観点から事案を調査審議した場合、審査会がそのような心証を持つことがあること自体は否定できません。

このような場合、審査会は審理員に対し、再度の審理を行わせる（すなわち、審理員審理に差し戻す）といった答申をすることはできるでしょうか。

たしかに、審査会には、審査会の権限として必要な事実調査を行うことができますので（74条、81条）、こういった場合は、まずは審査会自らが必要な調査を行い、審理員審理の不十分な点を補うべきであると考えます。

また、行審法上、審理員に再審理をさせることが可能であるといっても、実際のところ、改めて、審理員に再審理をさせることに特段の意味がある場合が多いとは考えられず、かえって、裁決までの時間がかかってしまうという弊害が生ずるおそれもあります。

もっとも、事案によっては、審理員が再度審理した方が望ましいといった事案があることも否定できませんので、審査会が、あえて審理員が再度審理した方がよいと判断した場合には、その旨の答申をすること自体は可能であると考えます。ガイドラインにおいても、場面は異なりますが、「審理手続の終結の権限が審理員に与えられていることを考慮すれば、審理員が、審理手続に手続上の不備があり、審理手続を再開する必要があると判断する場合には、審理手続の終結及び審理員意見書の提出を撤回し、審理員が審理手続を再開することは可能であると考えられる」とされており、審理員が再度の審理を行うことを前提とした記載があります（第２編第４章２）。

また、国の例ではありますが、審査会が、必要な調査検討が尽くされていないとして、審査庁に対して、必要な調査検討を尽くした上で再度諮問をすべきであるとした答申例が存在しています（令和３年３月４日答申（令和２年度答申第78号））。

（濱　和哲）

審理員審理の手続に違法があった場合

Q67　行政不服審査会は、審理員審理の手続に違法があると判断した場合、どのような対応をすべきですか。

A67　手続違法の内容によりますが、審査請求人の意向も踏まえ、違法状態を解消するための方策をとる必要があります。

説明

１　審理員審理の手続における違法

審理員の審理は、行審法の規定に基づいて行う必要があり、法律の規定に反した手続によってされた審理は違法となります。審理員の審理が違法となる場合とは、例えば、審理員が処分の利害関係人であるのにこれを看過して審理員に指名され審理が行われた場合（９条２項１号違反）や、審査請求人から口頭意見陳述の申立てがあったにもかかわらず、口頭意見陳述を実施しなかった場合（31条１項違反）などが考えられます。

仮に手続に違法があった場合であっても、審理員が審理を終えて審理員意見書を提出し、その後、審査庁が諮問をした場合は、審査会として事案を調査審議し答申を行う必要があります。それでは、先行する審理員の審理に手続違法がある場合、審査会はどのような対応をすべきでしょうか。

２　審査会としての対応

審査会がどのように対応すべきかについては、場合に分けて考える必要があります。

①利害関係のある審理員による審理が行われていた場合

審理員は、処分とは利害関係のない者が指名される必要があり、利害関係のある者を審理員に指名することは行審法９条２項１号違反となります。これは、審理員の審理を公平に行うための規定であり、審査請求人は利害関係のない者のもとで審理がされることについて、法律上保護された利益があると考えられます。

このことが特に問題となるのは、利害関係のある者（例えば、処分に関与した職員）が審理員に指名され、かつ審理員意見が却下または棄却であった場合であると考えられます。この場合、審査請求人にとって公平な審理がされたとはいえません。

仮に、審理員意見書が提出される前の段階において、審理員が利害関係人であることが判明した場合、審査庁は審理員を指名し直して、改めて審理員の審理を行うのが望ましいといえます。しかし、設問の場合、すでに審理員意見書が提出された時点にありますので、その場合であっても、改めて審理員の審理を行う必要があるかが問題となります。

上述したとおり、審理員の審理はあくまでも利害関係のない者のもとで公平に審理が行われる必要があり、利害関係のある審理員がした審理は、行審法が求める審理員審理であるということはできません。そのため、すでに審理員意見書が提出され、諮問がされた後であっても、審査庁は、改めて審理員を指名して審理員審理を行う必要があると考えます。

しかし、公平な審理が行われるべき利益は主として審査請求人のための利益ですので、審査請求人が利害関係のある審理員による審理が行われていたことに対し、改めて審理を行うことを希望せず、かつ処分庁もこれと同意見である場合は、あえて審理員審理をやり直す必要がないとの判断をすることもあり得ると考えられます。この場合、審査会としては、審理員審理が利害関係にある審理員によって行われた手続であることに留意し、審査請求人に対し、十分な主張の機会を付与するなど、より慎重な調査審議を行うことが望ましいと考えられます。

②口頭意見陳述が実施されていなかった場合

行審法は、審査請求人から口頭意見陳述の申立てがあった場合、「申立人の所在その他の事情により当該意見を述べる機会を与えることが困難であると認められる場合」を除いては、口頭意見陳述の機会を与えなければならないと規定しています（31条１項)。

ここにいう「意見を述べる機会を与えることが困難である場合」について、ガイドラインは、「口頭意見陳述を行わないことができる『申立人の所在その他の事情により当該意見を述べる機会を与えることが困難であると認められる場合』とは、例えば、申立人が矯正施設に収容されていて出所の見込みが相当期間ない場合など､当該審査請求の終結予定時期までの間に申立人(代理人を含む。)が出席可能な期日が設定できる見込みがない場合が該当する。」「社会通念上、意見を述べる機会を与えることが困難であるとは必ずしもいえないにもかかわらず、審理員が口頭で意見を述べる機会を与えない場合は、行政訴訟において、当該審査請求に対する裁決が手続上の瑕疵を理由として取り消される可能性がある。」と記載しています（第２編第３章６)。

ここからも分かるとおり、口頭意見陳述を実施しなくてもよい場合は、よほどの例外的な場合であり、口頭意見陳述の申立てがあった場合は、原則として、口頭意見陳述を実施しなければならない、ということになります。口頭意見陳述は、審査請求の書面審理を補足する重要な手続であり、審査請求人は口頭意見陳述の際に必要な意見を口頭で述べる手続的権利を有しているといえます。

設問の場合は、審理員が口頭意見陳述の手続を行わないまま、審査会の調査審議の段階に至ったわけですが、口頭意見陳述が実施されていないと気付いた審査会としては、①審査請求人に対し、審理員審理の段階において口頭意見陳述が実施されていないという手続違法があったこと、②審査会においても口頭意見陳述ができることを伝えた上で、審査会において口頭意見陳述を実施するということが考えられます（75条１項、81条)。

また、行審法上、審査会の実施する口頭意見陳述においては、審理員審理における口頭意見陳述と異なり、審理関係人全員が集うことは予定されておらず、申立人の質問権も保障されていませんが、審理員審理の段階で実施されるべき口頭意見陳述が実施されなかったことに鑑みて、審査会が実施する口頭意見陳述において、審理関係人全員を召集し、申立人の質問権の行使を認めるといった運用が望ましいと思われます。

もちろん、審査会で口頭意見陳述を実施したからといって、審理員審理の段階で口頭意見陳述を実施したことになるわけではありませんが、手続の瑕疵は相当程度治癒されたことになるのではないかと考えられます。

（濱　和哲）

審査請求記録一式の写しの交付申請があった場合

Q68

審査会における調査審議の段階で審査請求人に代理人弁護士が就任し、審査請求の記録一式の写しの交付を求めてきました。審査会としてどのように対処すべきでしょうか。

A68

審査会が提出資料の閲覧や写しを交付できるのは、審査会に提出された主張書面と資料に限られます（78条１項）。審査会が審査請求の記録一式の写しを交付する根拠となる規定は、行審法にはありませんので、原則として、審査会が記録一式の写しの交付の求めに応じる必要はありません。

説明

審査請求手続に弁護士が代理人として関与する場合は多くありませんが、一定の割合で弁護士や税理士が審査請求人の代理人に就任するケースがあります。代理人に就任するケースの多くは、審査請求の当初段階（審査請求書を審査庁に提出する段階）から就任している場合が多いと思われますが、まれに、審査請求の手続の途中で、弁護士等から受任通知書や委任状が送付されるケースがあります。もちろん、審査請求人がどのタイミングで代理人を選任するかは自由であり、手続の途中であるとの理由で代理人就任を認めないという対応をすることはできません。

審査請求人に代理人が就任する場合、通常は、審査請求人本人から、審査請求に関するこれまで主張書面等が代理人に交付され、代理人はこれに基づき、今後の手続対応を検討することになりますので、あえて、審査会（または審査庁）に対し、記録の写しの交付を求める必要はなく、本人に必要な書類を開示してもらえれば足りると思われます。

しかし、本人が審理員や審査庁から交付された書類を適切に保管していない場合や、紛失してしまっており、代理人に対しすべての記録を適切に開示できないケースがあることも否定できません。

その場合、原則的な方法として、記録の閲覧または写しの交付の申請をすることを案内することが考えられますが、審理手続が終結するまでの間であれば、行審法38条１項に基づき、審理員に対し提出書面等の閲覧等を求めることができます。しかし、本件では、すでに審理手続は終結していますので、行審法38条１項に基づく閲覧等を求めることはできません。

審理員が審理員意見書を作成したときは、事件記録とともに、審査庁に提出しますので（42条２項）、この時点では、事件記録は審査庁にあります。しかし、行審法は、審査庁に対する事件記録の閲覧等の規定は設けていません。

他方、すでに審査会に対し諮問がされた後については、78条１項に基づく閲覧等をすることができますが、この場合、閲覧等の対象となるのは「審査会に提出された主張書面若しくは資料」に限られます。そのため、審査会が審理手続の段階で提出された事件記録一式を閲覧等させることはできません。

結局のところ、行審法の規定上、審査会が事件記録一式を閲覧させ、または写しを交付する旨を定めた規定はありませんので、審査会としては、原則として、根拠規定がないことを理由として審査請求人の代理人弁護士の求めに応じることはできないとの対応をすべきでしょう。しかし、あくまでも実務上の対応として、代理人弁護士の求めに応じなければ、かえって裁決までに時間を要することが見込まれる場合であって、記録も大部なものではない、という場合には、写しを交付することを検討する余地もあろうかと思います。もっとも、行審法上は、78条１項に基づく閲覧等の場合には手数料の納付が必要であるとしていますので（78条４項）、この場合も手数料の納付を求めるのか、他の事案でも同様の対応をするのか等、実際の対応にあたっては考慮すべき事項が多々あります。そのため、実際上は、審査会としては、設問の代理弁護士の求めに応じることは難しいのではないかと思われます。

なお、諮問がなされた後も、事件記録を保有しているのは審査庁であり、審査会が保有しているのはその写しです（43条２項)。したがって、開示等を求められた審査会において開示等ができるのは、あくまで事件記録の写しになります。

また、審査会も審査庁も、行審法に基づく事件記録の開示等はできないと判断する場合には、審査請求人代理人に対し、個人情報開示請求等を提案するなどして、何らかの方法により、審査請求人が事件記録を確認できるような方途を探るのが望ましいと思われます。

いずれにせよ、行審法上、審理終結後における事件記録の開示等の規定が不十分であることは、立法により対処すべき課題であり、今後、改正を検討すべきであると思われます。

（濱　和哲）

第5章　裁　決

付言の法的意味および位置付け

Q69　審査会が答申をする際、付言をする場合がありますが、付言にはどういった法的意味・法的効果があるのでしょうか。

A69　付言は、答申の結論とは直結しないが事案を検討した審査会としてあえてメッセージを残したいという場合に行われるものです。付言に法律上の根拠はなく、付言による直接的な法的効果もありませんが、行政運営上の課題の解消等を目的として、実務上広く行われています。

説明

1　付言の法的意味

審査会は、審査請求事件に関し、事実認定および法的評価を行った上で審査請求を認容すべきか、却下または棄却すべきかを判断し、審査庁に答申を行います。答申書には、認容、却下または棄却といった結論とその理由が記載されるのですが、結論とは直接関係はしない（または結論には影響しない）が、審査会の調査審議において問題となった事項や、審査会が処分庁に対し伝えるべきと判断した内容をあえて記載する場合があります。実務上、こういった記載は「あえて審査会としてのメッセージを付加する」という意味で、「付言」と呼ばれています。

「付言」は行審法に規定されているものではなく、あくまでも、実務の中で運用としてされているものですので、「付言」に法的根拠はありません。そのため、付言に記載された内容に対し、何らかの対応をすべき法的義務が生ずるものでもありません。

2　付言の例

あくまでも付言は実務上の運用ですので、付言の数や内容を網羅的に整理した資料はありませんが、付言は定着した実務運用であり、多くの答申で付言がされています。

付言の名宛人という分類からすれば、処分庁に対して付言がされる例がもっとも多く、おそらくは、付言のほとんどは処分庁の行政運営や事務処理に関し是正を求めるものとなっています。例えば、不利益処分をするにあたり、事前に十分な説明がされていなかったとして、不利益処分にあたっては処分の内容に関し十分な説明を行うことを求める付言や、理由付記の仕方に関し、より丁寧な記載を求める付言、処分庁が事案を把握してから処分をするまでに長期間を要したことに対し、処分をする場合は速やかに対応することを求める付言などがあります。

その他として、特定の名宛人に向けたものではなく、制度一般の改善が必要である旨の意見を述べる付言や、審査請求人に向けられた付言もあったりします。

3　付言の活用

審査会は、学者や弁護士といった外部の有識者から構成される合議体であり、日常的に国や自治体等の行政事務に接しているわけではありません。その意味では、外部の目から審査請求事件を検証しているわけですが、そういった外部の目から見た場合、日常的に行われている事務に疑問が生じたり、改善が必要ではないかと思うことがあります。付言はあくまでも審査会の意見に過ぎませんが、多くの審査会の答申において繰り返し同趣旨の付言がされている場合、それは行政事務を改善すべき課題である可能性が高いといえます。

付言には応答義務や対応義務があるわけではないため、ある意味では言いっぱなしになっている例も少なくはないと思われます。しかし、付言を集積して分析した場合、行政運営を改善するためのヒントが含まれている可能性が高いとも考えられます。そのような観点から、付言の活用を検討することも考える必要があります。

なお、ガイドラインにおいても、「付言を受けた審査庁又は処分庁は、付言の内容に応じ、付言に対する考え方や検討結果などを、行政不服審査会等に示すなど、適宜の方法により真摯に対応（回答）を行うことが望ましい」とされています（第2編第4章4）。

（濱　和哲）

答申等と異なる判断をする場合における理由の記載の程度

Q70

裁決において、審理員意見書や答申と異なる判断をする場合には、その理由を書くこととされていますが、ここにいう「理由」は、具体的に何をどこまで書くべきでしょうか。

A70

行審法には記載内容に関する規定はありませんが、特に、裁決が却下または棄却である場合は、審査請求人が十分にその判断過程を理解できる程度に具体的な記載をすることが望ましいといえます。

説明

1　裁決の記載事項

審査庁は、審査会から答申を受けた後、裁決をすることになりますが、裁決には、①主文、②事案の概要、③審理関係人の主張の要旨、④理由を記載するものとされています（50条1項各号）。そのうち、理由に関しては、かっこ書きがあり、「第1号の主文が審理員意見書または行政不服審査会等若しくは審議会等の答申書と異なる内容である場合には、異なることとなった理由を含む」（同項4号）とされています。

2　異なる理由を記載すべきとされた趣旨

審理員による審理または審査会による調査審議の結果、審査請求を認容するのが相当であると判断された事案について、審査庁が改めて裁決にあたり事案を検討したところ、審査請求を認容すべきではない（却下または棄却とするべきである）とされた事案は少なからずあります。このような事案について、審査庁が審理員意見書や答申の内容や判断にまったく言及することなく、単に、却下または棄却の理由を簡潔に述べるにとどめた場合、審査請求人としては、それ以前の審理や審査において、審査請求を認容すべきとされたにもかかわらず、裁決においてこれとは逆の結論に至った理由がまったく分からない、ということになります。もちろん、審査庁は審理員意見書や答申書の内容に拘束されるわけではなく、あくまでも、これらをもとに審査請求に対する判断を示すわけですが、審査請求人には審理員意見書や審査会の答申書は開示されることになるため、審査庁がこれらと異なる判断となったことについては、十分な理由を示さなければ、審査請求人の理解を得ることができない、ということになります。

法律上、理由の記載をどの程度具体的にするべきかに関し特段の規定はありませんが、ここでの理由の記載が問題となるのは、主として、審理員意見書や答申書が審査請求の一部または全部を認容すべきとしているにもかかわらず、審査庁が却下または棄却とする場合であると考えられますので、審査請求人にとって、審査庁の判断過程を一応の理解し得る程度には具体的な記載がされる必要があるといえます。

審査請求人にとっては、裁決により審査請求が却下または棄却されていることになりますので、どれだけその理由を詳細に記載したとしても、十分な納得に至るのは難しいといえますが、審理員意見書または答申書が審査請求の全部または一部を認容すべきとした理由に誤りがあることには相応の言及は必要になると考えます。

仮に理由の記載がまったく不十分であったり、理由の記載を欠く場合は、裁決固有の瑕疵として、裁決の取消事由となる可能性もあるので注意が必要です。

（濱　和哲）

裁決の結果報告

Q71 **審査庁がした裁決の内容について、審理員や審査会に対し報告する必要はありますか。**

A71 行審法では裁決の内容や結果を審理員や審査会に報告する旨の規定はありません。しかし、特に、審理員の意見や審査会の答申と異なる裁決をした場合は、審理員や審査会に対して裁決の内容を報告する仕組みがあるほうが望ましいと考えます。

説明

行審法が規定する手続では、審査庁がした裁決の内容や結果が審理員や審査会に報告されることにはなっていません。そのため、事案の審理にあたった審理員や審査をした審査会の委員が、その事案に対しどのような裁決がされたかを知るためには、総務省のホームページ等から検索して内容を確認しなければならない、ということになります。裁決の公表は義務ではないため(85条参照)、審査庁が裁決を公表しないという運用に依っている場合、審理員や審査会の委員が裁決の内容を知ることができないという状況も考えられます。

このように、行審法には、審理員や審査会に対する裁決内容の報告という手続はおかれていませんが、審理員や審査会の委員にとっては、自らが関与した事案に対し最終的にどのような裁決がされたのかは気になるところです。特に、審理員が認容の意見書を提出した事案や、審査会が認容の答申を提出した事案に関しては、審査庁が、審理員意見書や答申に従い認容裁決としたのか、別途の考慮のもとであえて却下または棄却の裁決としたのかは大変気になるところです。

審査庁が裁決書の写しを審理員や審査会に提供することについては、法律上、特段の制限はないと考えられる上、審理員や審査会が、今後、同種の事案を審理または審査する場合において、先行する裁決が参考になる場合もあります。こういったことからしても、とくに審理員意見書や答申とは異なる裁決に関しては、制度上、審理員や審査会に対し共有する仕組みを作ることが望ましいと考えます。

（濱　和哲）

第6章　手続全般に関するテーマ

審査請求手続の瑕疵

Q72

裁判所において審査請求の手続に瑕疵があるとされる場合として、どのようなケースが考えられますか。また、手続に瑕疵があると判断された場合、どのようになるのでしょうか。

A72

例えば、除斥事由（９条２項各号）に該当する事情がある審理員により審理が進められた場合、申立てがあるにもかかわらず口頭意見陳述の機会を設けなかった場合、審査請求人の主張に対する判断に脱漏があった場合などに、瑕疵があると判断される可能性があります。また、手続に瑕疵があると判断された場合には、裁決が取り消され、再度審査請求の手続をやり直す必要が生じます。

説明

1　裁決取消しの訴え

行政事件訴訟法において定められる行政事件訴訟のうち、最も典型的なものは行政庁の処分の取消しを求める訴え（同法３条２項）ですが、同法には、これとは別に、審査請求に対する裁決の取消しを求める訴え（同条３項）という類型の訴訟も定められています。厳密に言えば、裁決自体も行政処分の一つではありますが、行政事件訴訟法上、裁決取消しの訴えは、通常の処分取消しの訴えとは区別して規定されています。

処分取消しの訴えと裁決取消しの訴えのいずれも提起できる場合、「裁決の取消しの訴えにおいては、処分の違法を理由として取消しを求めることができない」（行政事件訴訟法10条２項）とされています。すなわち、裁決取消しの訴えは、原処分の違法を理由とする訴訟ではなく、裁決固有の瑕疵について審理する訴訟となります。

具体的には、裁決に手続的瑕疵がある場合には、裁決取消しの訴えにより、その手続について争うことが可能です。また、裁決取消しの訴えにより、裁決の内容についても争うことが可能とされています（南博方・高橋滋・市村陽典・山本隆司編『条解行政事件訴訟法（第５版）』（弘文堂、2023年）97頁）。例えば、裁決において、法令の解釈に誤りがある場合や事実認定に誤りがある場合などがこれにあたると考えられます。

2　裁決の手続的瑕疵

先に述べたように、裁決取消しの訴えでは、裁決の内容についても争うことが可能とされていますが、同訴えにおいては、裁決に至る手続的瑕疵について争われるのが通例です。

裁決に手続的瑕疵がある場合としては、さまざまな場合が想定できますが、例えば、原処分に関わった職員が審理員として審理を主宰した場合、審査請求人から申立てがあったにもかかわらず口頭意見陳述の機会が与えられなかった場合、審査請求人の主張に対する判断に脱漏があった場合、誤った審査庁が裁決を行った場合、などが考えられます。

3　裁判例

裁決取消し訴訟において、裁決に手続的瑕疵があるとして裁決の取消しが認められた事例としては、審査請求の対象となっている処分を決議した処分庁たる土地改良区の理事会に監事として出席した者が審理員として審理を主宰した事例（東京高裁令和元年５月21日判決判例時報2492号10頁）、審査請求人が原処分についての理由提示義務違反を主張したにもかかわらず裁決においてその判断につき遺脱があったとされた事例（神戸地裁令和２年10月22日判決判例地方自治475号108頁）などがあります。

4　裁決に手続的瑕疵があると判断された場合

裁決取消し訴訟において、裁決の手続に瑕疵があると判断された場合、裁決が取り消されるとともに、判決の拘束力により、再度審査請求の手続に戻り、適式に手続を実施する必要があります（行政事件訴訟法33条２項)。

例えば、審査請求人から申立てがあったにもかかわらず口頭意見陳述の機会を与えなかった場合には、再度口頭意見陳述を実施する必要があり、本来指名されるべきでない審理員により審理が主宰された場合には、改めて審理員の指名から開始する必要があります。

（和田　浩）

処分の不当

Q73　**処分が不当であると判断することができるのは、どのような場合ですか。また、審査請求人から処分が不当であるという主張がある場合、審理員は、どのような方法で審理を進めるべきでしょうか。**

A73　これまで、不当の判断がなされた例は複数存在します。現時点において、それらを類型化することは困難ですが、比較的多く見られるのは、処分庁の調査や検討の不十分性を理由にする例です。また、原処分時に判明しなかった事情が事後的に判明したり、原処分の後に事情の変更があったりした場合であって、当該処分の効力を維持するのが審査請求人にとって酷な場合には、裁決で当該処分を不当と判断することも一考の余地があると思われます。

審査請求人から不当の主張があった場合、審理員は、処分の違法性のみならず、不当性の有無の観点からも慎重に審理判断し、審理員意見書においてその判断を示すべきです。

説明

1　審査請求と訴訟の違い

行政処分を争う方法として考えられる法的手続として、一般に、審査請求と訴訟が考えられます。

審査請求は、訴訟と比較して、次のような特徴があります。まず、審査請求は、訴訟よりも簡易迅速な手続による権利救済が可能と言われます。次に、審査請求は行政機関が処分の判断をする手続であることから、行政の自己統制の手段としての機能があります。また、審理手続において職権探知主義が採用されていることから、当事者が主張していない事実についても、職権によって証拠調べをすることが認められています。

他方、審査請求は、行政機関が処分の判断をする手続きであることから、訴訟と比較すると、紛争処理機関としての第三者性が劣るとの指摘がなされています。また、審査請求は、現実には必ずしも手続が迅速に進められるとは限らず、長期化する事例も報告されています。

以上は、主に手続面における審査請求と訴訟の相違点ですが、実体面においても、審査請求と訴訟とで大きく異なる点が存在します。それは、訴訟においては処分の違法性の有無が審理判断される一方、審査請求においては、行政処分の違法性の有無のみならず、不当性の有無についても審理判断されるという点です（１条１項)。

この点については、ガイドラインにおいても、不服申立制度の特徴として、「処分が違法であるか否かにとどまらず、不当であるか否かについても審理することができること」が挙げられており（第１編第１章(２))、「審理手続の実施に当たっては、処分等が違法であるか否かにとどまらず、不当であるか否かについても必要な審理を行う」とされています（第２編第３章１(１)イ)。

2　不当性についての理論と実務の通例

以上のように、審査請求においては、違法性の有無のみならず、不当性の有無も審理判断の対象となります。

しかし、不当性の判断基準等については、いまだ議論が熟していないと思われます。学界においてもさまざまに議論されていますが、いまだ定説はない状況です。また、実務においても、一般には、違法性と不当性の区別が明確になされないまま審理判断されているのが実情です。平成26年改正行審法の施行状況の検討を実施した「行政不服審査法の改善に向けた検討会」(以下、「検討会」といいます。）も、令和４年１月の「検討会　最終報告」において､｢運用上､違法と不当を殊更に区別して､審理手続や審査会審議を行っている事例は見られなかった」としています（第２の５項セ)。

もっとも、行審法において、処分の不当性も審査対象とされていることの意義は看過されてはなりません。そのため、今後の理論と実践の積み重ねにより、不当性についての審査基準や審査方法が探究されるべきでしょう。

3　不当と判断された裁決例

数は多くありませんが、これまで、処分が不当と判断された裁決は存在しています。

例えば、精神保健及び精神障害者福祉に関する法律45条２項に基づく精神障害者保健福祉手帳の交付を求める申請に対して、処分庁が障害等級を３級として手帳の交付を行った処分について、等級判定の際に考慮要素となる能力障害（活動制限）の状態につき、｢３級と判断した理由は十分明らかになっていないことから、本件処分に係る処分庁の判断過程の合理性には不十分な点」があるとして､｢本件処分は違法とはいえないものの不当である」と結論付けた裁決例があります（奈良県平成30年３月22日裁決)。

また、生活保護法63条に基づく費用返還請求の際に、自立更生費の返還控除の必要性等が問題となった事案において､｢自立更生費の返還控除について十分な調査・検討がなされなかった本件処分の手続に合理性があるとは認められず、不当であると認められる」とした裁決例があります（鹿児島県平成30年８月９日裁決)。

以上のように、不当の判断を示す裁決例の多くは、処分庁の調査や検討の不十分性を理由としています。

4　不当と判断できる可能性

一般に、行政処分の適法性の判断基準時は、処分時とされています。そのため、処分時に当該処分が適法であれば、審査請求において、当該処分を違法と判断することは難しいと思われます。

もっとも、処分時に判明しなかった事情が事後的に判明したり、処分後に事情の変更があったりした場合、当該処分の効力を維持するのが審査請求人にとって酷な場合もあり得ると思われます。

私見ではありますが、このような場合、裁決で当該処分を不当と判断することも一考の余地があると思われます。

5　審査請求人が不当の主張をした場合の審理の進め方

審査請求人が、問題となる処分が不当であると主張した場合、審理員としては、どのように審査を進めれば良いでしょうか。

審理員は、この場合、一般的な審査請求と同様に、処分の違法性の有無につき審理、判断を行うとともに、審査請求人がどのような事実を根拠として不当を主張するのかを確認し、不当性を基礎付ける根拠事実が認定できるか否かにつき審理、判断する必要があります。そして、審理員は、認定した事実を踏まえて、処分が不当であると評価できるか否かにつき検討、判断し、その判断を審理員意見書に記載すべきです。

なお、審理員は、審査請求人の主張に拘束されないため、審査請求人が処分の不当事由として挙げる事実を認定する場合であっても、審理員において、当該事由が処分の違法事由であると評価する場合には、敢えて不当であるとの結論を出すのではなく、違法であると結論付けるのが相当です。

（和田　浩）

憲法適合性審査の可否

Q74

審査請求人から、審査請求の対象となる処分の根拠法令が違憲であるという主張があった場合、審理員、行政不服審査会、審査庁は、それぞれ憲法適合性について判断をすべきですか。

特に、審理員、行政不服審査会、審査庁が、処分の根拠法令が違憲であると考えた場合には、どのような判断をすべきですか。

A74

一般に、行政機関には違憲立法審査権はないと考えられていることから、審理員、行政不服審査会、審査庁は、法令が合憲であることを前提として判断するのが実務の通例です。

ただし、審理員、行政不服審査会については、終局的な判断を行う主体ではないことから、憲法適合性についての判断を示すことも許されると考える余地はあると思われます。この場合、審理員、行政不服審査会が、処分の根拠法令が違憲であると考える場合には、当該法令が違憲であることを前提として、当該処分の違法性・不当性についての判断を示すのが相当と思われますが、他方で、審査庁は根拠法令が合憲であることを前提として裁決せざるを得ないことも踏まえて、判断を示す必要があるでしょう。例えば、法令が憲法に適合することを前提とした判断および結論を示しつつ、付言等の形式で法令違憲を前提とした判断を示すといった方法が考えられるでしょう。

説明

1　違憲立法審査権

法令が憲法に適合しているか否かを判断する権限を違憲立法審査権といいます。

この権限は、三権分立の観点から、憲法上、最高裁判所をはじめとした裁判所に与えられており、国会や内閣には与えられていません（憲法81条）。

2　行政処分における違憲審査の例

行政事件訴訟において、行政処分に関して違憲審査が行われる場合の典型例は、問題となる行政処分の根拠法令の憲法適合性が問題となる場合です。

そして、裁判所が、行政処分の根拠法令が違憲であると判断する場合には、当該行政処分の法的根拠がなくなることから、当該行政処分は違法という結論になります。

このような例としては、医薬品の一般販売業の許可申請に対する不許可処分が争われた訴訟において、当該処分の根拠法令である薬事法等の定めが違憲であることを理由に、当該不許可処分が取り消された事例があります（最高裁判所昭和50年4月30日判決民集29巻4号572頁）。

3　審査庁による憲法適合性判断の可否

前項で述べたように、違憲立法審査権が裁判所にのみ与えられた権限であることからすると、理論的には、行政不服審査制度において、審査庁は、憲法判断をする権限がないという結論になりそうです。例えば、宇賀克也教授は、「一般に行政機関に違憲立法審査権はないと解されている」ことから、「行政上の不服申立てにおいては、審査庁は法令の合憲性を前提として審査することになる」としています（宇賀克也『行政法概説Ⅱ行政救済法（第7版）』（有斐閣、2021年）70頁）。

また、自治体が審査庁である場合、地方自治の本旨（憲法92条）からしても、審査庁には違憲立法審査権がないと解するのが相当と思われます。

したがって、審査庁は、法令の憲法適合性の判断はできないと解するべきでしょう。この場合、審査庁は、仮に処分の根拠法令が違憲であると考える場合でも、当該法令が合憲であることを前提として判断を行う必要があります。

4　憲法適合性判断を回避した答申例

では、行政不服審査会は、法令の違憲の主張がなされた事案において、どのような判断をすべきでしょうか。

これについては、実際に、法令が違憲であるとの主張がなされた事案の答申例が少なからず存在します。

例えば、厚生労働大臣が審査庁である事案において、戦没者等の遺族に対する特別弔慰金支給法の規定の憲法14条違反（平等原則違反）の有無が問題となったところ、行政不服審査会は、答申において、「この点についての判断は原則として立法府又は違憲立法審査権を有する裁判所に委ねられた事項であり、本件審査請求においては、行政機関である審査庁は、特別弔慰金支給法の規定が憲法に適合していることを前提として法の執行を行うべき立場にあるというべきである」と述べて、法令の憲法適法性判断を行いませんでした（平成28年度答申第５号（平成29年３月29日答申））。

また、児童手当法の規定の憲法14条違反（平等原則違反）の有無が問題となった事例において、群馬県行政不服審査会は、答申において、行審法１条を根拠として、「行政不服審査制度は、審査請求に係る処分が違法又は不当なものであるかどうかを審理判断するものであるから、本件処分の根拠となった法の規定自体が憲法に違反するか否かは、本件審査請求で審理することはできず、当審査会の調査審議の対象にならない」と述べて、法令の憲法適合性判断を行いませんでした（群馬県令和５年度答申第４号（令和５年７月21日答申））。

このように、答申において憲法判断に立ち入らないのが実務の通例と思われます。

5　行政不服審査会による憲法適合性判断の可否

以上のとおり、答申においては、憲法判断に立ち入らないのが実務の通例と思われますが、他方で、行政不服審査会の答申は、裁決を行う審査庁を拘束するものではありません。すなわち、答申は、あくまで行政不服審査会の見解を表明するにとどまるものであり、何らかの終局的な決定を行うものではありません。また、行政不服審査会は、一般に、法令の憲法適合性の判断を行うに足る高度の専門性を有していると思われます。

このような観点からすると、答申において、行政不服審査会が憲法適合性の判断を行うことは許されると考える余地もあるように思えます。宇賀克也教授も、「審査庁は法令の合憲性を前提として審査することになる」としているだけであり、答申における憲法適合性判断の可否について明示的に言及しているわけではありません（前掲書）。

そして、実際に、憲法適合性判断を行った答申例も存在しています。例えば、三郷市税条例の規定に関して、審査請求人から、租税法律主義に反するため憲法84条違反であり、かつ、当該規定は法律の委任の範囲を越えるため憲法94条違反であるとの主張がなされた事案において、三郷市行政不服審査会は、当該規定の憲法適合性について検討した上で、答申において、当該規定が「憲法第84条及び第94条に違反する内容ではないと考える」と述べました（三郷市令和５年度答申第１号（令和５年６月16日答申））。

もっとも、このように、行政不服審査会が憲法適合性の判断を示すことができるとしても、結局のところ、審査庁は憲法適合性の判断をすることができないと考えられますので、答申は、そのことを前提とした内容とする必要があるでしょう。

具体的には、行政不服審査会が、処分の根拠法令が合憲であると考える場合には、その判断を示した上で結論を出すのが良いと思われますが、他方、行政不服審査会が、処分の根拠法令が違憲であると考える場合には、法令が憲法に適合することを前提とした判断および結論を示しつつ、付言等の形式で憲法判断を行うといった方法が考えられるのではないかと思われます。

また、このように、答申において、何らかの形で憲法判断を行うことは、審査請求人の意向にも適うと思われます。

6　審理員による憲法適合性判断の可否

では、審理員は、審理員意見書において、憲法適合性判断を行うことはできるでしょうか。

これについては、審理員意見書もまた行政不服審査会の答申と同様に、裁決を行う審査庁を拘束するものではないことからすると、審理員が憲法適合性の判断を行うこともまた許されると考える余地があるように思えます。先に引用した三郷市行政不服審査会の答申を確認すると、同審査請求において、審理員もまた法令の憲法適法性の判断をしていることがわかります。

もっとも、審理員が法令の憲法適法性判断をすることができると解するとしても、審査庁は憲法判断をすることはできないと考えられますので、審理員意見書も答申と同様に、そのことを前提とした内容とする必要があるでしょう。

また、審理員は、行政不服審査会委員と異なり、弁護士等の高度の法的知識を有した者が指名されるとは限らないのが実情と思われます。したがって、審理員が弁護士等の専門家である場合は格別、そうでない場合には、憲法判断を回避するのが穏当と思われます。

（和田　浩）

処分の職権取消しがなされた場合の手続の進め方

Q75

審査請求の途中で、処分庁が、処分が違法であることに気付いて当該処分を職権で取り消した場合、審査請求は即座に却下すべきですか。

A75

原則として却下すべきですが、再度同様の処分およびこれに対する審査請求がなされる可能性がある場合には、即座に却下せず、再度の審査請求がなされた時点で両審査請求を併合し、資料を共通化した上で、当初の審査請求を却下することも考えられるでしょう。

説明

1　職権取消し

処分庁は、自ら行った行政処分が当初から違法だと判断する場合、職権により、自ら当該処分を取り消すことが可能です。この職権取消しは、違法な行政処分を放置せず、正しい法律状態を回復するための行為であることから、法律上の特別の根拠は不要と考えられています。

また、処分の職権取消しについては、これを行う時期を制限する規定はありませんので、当該処分が審査請求の対象とされている場合においても、処分庁は、当該処分を職権で取り消すことが可能です。

なお、当初は適法であった行政処分が処分後の事情の変化により、処分の適法要件を満たさなくなる場合もあります。この場合に、処分庁が当該処分を将来的に無効とする行為を、「職権取消し」と区別して、「撤回」といいます。

2　職権取消後の手続の進め方の原則

一般に、ある行政処分を対象とする審査請求の係属中に処分庁が当該処分を職権により取り消した場合、当該処分の効力が遡及的に失われることになるため、審査請求の利益がなくなります。したがって、この場合には、特別な理由がない限り、審査請求が不適法であるとして、却下することになります（45条１項）。

具体的な手続の進め方は、審査請求の進捗状況によって異なるでしょう。例えば、審理員による審理手続中の段階で職権取消しがなされた場合には、審理員は、審査請求の利益が失われたことから、審査請求を却下するのが相当である旨の審理員意見書を作成、提出することになると思われます。そして、この場合、審査庁は行政不服審査法への諮問を要しないことから（43条１項６号）、特別な理由がない限り、諮問をせずに却下裁決をするのが相当でしょう（45条１項）。

また、行政不服審査会への諮問後に職権取消しがなされた場合、行政不服審査会は、特別な理由がない限り、却下するのが相当である旨の答申を行い、これを受けた審査庁は、却下裁決をするのが相当でしょう。

3　職権取消後の手続の進め方の例外

もっとも、当該処分が職権で取り消される理由によっては、当初の審査請求を即座に却下せずに維持することも検討の余地があると思われます。

例えば、当該処分が、手続上の瑕疵を理由に取り消された場合には、処分庁が適正な手続を経て、再度同様の処分を行うことが予想されます。そして、この場合には、審査請求人が再度新たな処分に対して審査請求を行う可能性があります。

このような事態が想定される場合、当初の審査請求が審理員審理の手続中であれば、これを即座には却下せず、再度の審査請求がなされた時に、これらを併合することが考えられるでしょう（39条）。この場合、併合により当初の審査請求の資料が共通化されますので、迅速かつ合理的に新たな審査請求手続を進めることが可能となります。

そして、この場合、その後の手続の進め方としては、再度の審査請求の裁決と同時に先行する審査請求を却下する方法や、両審査請求の併合後に審理手続を分離し（39条）、先行する審査請求のみ先に却下する方法が考えられるでしょう。

（和田　浩）

傍論での実体判断の可否

Q76

審査請求を却下する場合でも、十分に本案の審理や調査がなされている場合には、傍論として本案についての判断をしてもよいですか。

A76

審査請求人の利益や行政の適正な運営の確保に資する場合があることから、傍論として本案についての判断をすることも許されると思われます。

説明

1　審査請求が却下される場合

処分についての審査請求に理由がない場合、すなわち、審査請求に係る処分が違法でも不当でもない場合、審査庁は、裁決で当該審査請求を棄却することになります（45条2項）。

他方、処分についての審査請求が、法定の期間経過後にされたものである場合その他不適法である場合、審査庁は、裁決で当該審査請求を却下しなければなりません（45条1項）。この場合、審査庁は、本案すなわち審査請求の対象となった処分自体の違法性・不当性についての審理・判断をすることなく、当該審査請求を却下することができます。

行審法は、審査請求が不適法である場合の例として、法定の期間経過後にされたものである場合を挙げていますが、これ以外に不適法な場合として考えられるのは、審査請求の対象とされた行為が処分（1条2項）に該当しない場合、審査請求人適格を欠く場合（2条）、審査請求の利益がない場合、審査請求人が審査庁の定める相当の期間内に不備の補正命令に従わない場合

(23条、24条1項）などです。

2　審査請求が不適法である場合の審査請求手続の進め方

「審査請求が不適法であって補正することができないことが明らか」な場合、審査庁は、審理員による審理手続を経ずに、当該審査請求を却下することができます（24条1項・2項)。この場合、審査庁は、審理員を指名する必要がありません（9条1項柱書ただし書き)。

ここでいう「審査請求が不適法であって補正することができないことが明らか」な場合にあたると考えられるのは、審査請求に係る処分があったことを知った年月日（19条2項3号）と審査請求の年月日の記載（同項6号）に照らし、審査請求期間を経過していることが明らかであり、かつ、期間の経過について「正当な理由」がないことも明らかな場合（18条1項・2項）などです。

他方、処分性や審査請求適格、審査請求の利益なども審査請求の適法要件ですが、これらの要件の充足性は、直ちには判断できず、審理や調査を経て初めて判断できる場合も少なくありません。したがって、このような場合には、「審査請求が不適法であって補正することができないことが明らかなとき」に該当しないため、審査庁は、審理員を指名し、審理手続を進めるのが相当です。

そして、審理手続を進めた結果、審査請求が不適法であることが明らかになった場合、審理員は、審理員意見書にその旨を記載し、最終的には審査庁が、裁決で審査請求を却下することになります（45条1項)。この場合、審査庁は、行政不服審査会に諮問する必要はありません（43条1項6号)。

3　審査請求が不適法な場合に当該審査請求を棄却することの可否

では、審査請求が不適法であって、裁決により却下されるべき場合、審査庁は、敢えて本案についての審理や調査を行い、裁決で当該審査請求を棄却することができるでしょうか。

これについては、本案についての判断が示されることにより、審査請求人の納得を得られる可能性が高くなるとは思われます。

しかし、審査請求の本案の判断をするためには、当該審査請求が適法であることが前提とされていますので、審査請求が不適法である場合に本案の審理や調査を行い、敢えて裁決で当該審査請求を棄却することは許されないでしょう。

4　審査請求を却下する場合に傍論で本案の判断を示すことの可否

他方で、審査請求が不適法であることから、裁決で当該審査請求を却下する場合に、審査庁は、傍論として本案についての判断を示すことは許されるでしょうか。

まず、行審法には、審査請求を却下する場合において、審査庁が傍論として本案についての判断を示すことを明示的に禁止する規定は存在しません。

また、先に述べたように、本案についての判断が示されることにより、審査請求人の納得を得られる可能性が高くなると思われます。そして、本案の判断が示されることは、審査請求人にとって、その後に当該審査請求に係る処分について取消訴訟等を提起するか否かの検討・判断をする上で大きな意義を有すると思われます。

さらに、審査請求期間（18条１項・２項）を徒過したため審査請求として不適法ではあるものの、審査請求人が主張する内容には十分な理由があり、審査請求が適法であれば審査請求が認容されるような場合には、単に審査請求期間の徒過を理由に審査請求を却下するだけでなく、傍論として、処分が違法である旨を指摘することにより、処分庁が職権取消し等の方法で当該処分を見直す可能性がありますし、その後の行政の適正な運営の確保（１条１項）の観点からも、有意義であると思われます。

したがって、審査庁は、審査請求を却下する場合でも、十分に本案の審理や調査がなされている場合には、傍論として本案判断を示しても良いと思われます。

5　十分に本案の審理や調査がなされていると評価できる場合

では、十分に本案の審理や調査がなされたと評価できるのはどのような場合でしょうか。

行審法上、審査庁自身が独自に調査を行うことも可能ですが、審理手続を進めるのは審理員です。したがって、十分に本案の審理がなされていると評価できるためには、少なくとも審理員が指名され、審理員が本案について審理を行い、審理員意見書において審理員の判断が示されていることが不可欠であると思われます。

また、「審査請求が不適法であり、却下する場合」に、審査庁は、必ずしも行政不服審査会への諮問を行う必要はありませんが（43条1項6号）、裁決の傍論等で棄却相当の判断を示す場合には、行政不服審査会に対する諮問が行われ、答申において行政不服審査会の本案に対する判断が示されることが望ましいと思われます。逆に、審査庁が、裁決の傍論等で認容相当の判断を示す場合には、行審法43条1項7号の趣旨に鑑みて、敢えて諮問を行う必要はないと思われます。

（和田　浩）

処分前の手続に関する違法

Q77

審査請求の対象となる処分について、処分前の手続に違法があると判断した場合、どのように審理を進めるのが望ましいですか。

A77

手続的瑕疵を理由に処分を取り消すべき事案については、その旨を記載した意見書を作成するのが原則的な対応ですが、処分庁にその旨を伝えた上で、処分の見直し（職権による取消し等）を検討してもらうといった対応をすることも考えられます。

また、処分の手続的瑕疵があることを理由に取り消すべき事案であっても、処分の適法性についても審理ができるのであれば、処分の適法性についても審理を行い、その判断を示すのが望ましいと考えられます。

説明

1　処分前の手続と手続的瑕疵

行政手続法上、処分庁が不利益処分をするにあたっては、処分の内容に応じ聴聞または弁明の機会の付与をする必要があります（行政手続法13条）。多くの自治体では、行政手続条例が制定されていますので、その場合は、行政手続条例に基づき、処分前の手続をとることになります（ただし、処分によっては、行政手続条例が適用除外とされている場合があります。この場合は、聴聞や弁明の機会の付与の手続は不要となります）。

処分庁が処分をするに際し、聴聞または弁明の機会を付与する必要があるのに、それをしないまま処分をした場合、当該処分には手続的瑕疵があることになります。

また、行政手続法上、処分庁が申請に対する拒否処分をする場合や、不利益処分をする場合には、原則として、その理由を提示する必要があります（同法8条1項、14条1項）。これについても、多くの自治体では、行政手続条例において、処分庁の理由提示義務が定められています。そして、必要となる理由の提示が欠けていたり、不十分であったりした場合には、当該処分に手続的瑕疵があることになります。

このように、処分に至る過程に手続的瑕疵があった場合、当然に当該処分が違法になるわけではありませんが、一般には、瑕疵の程度が重要であるような場合には処分は違法になると解されています。

2　手続的瑕疵が判明した場合の対処

審理員が審査請求の対象となる処分について審理を進めていたところ、処分に至る過程に手続的瑕疵があることが判明した場合、例えば、本来、聴聞または弁明の機会の付与が必要であるのに、これを欠いたまま処分がされていたことが判明した場合、審理員としてはどのように審理を進めるべきでしょうか。

聴聞や弁明の機会の付与は、処分を受ける者が処分前において自らの主張を処分庁に伝える重要な機会であり、処分庁としては、こういった主張を踏まえた上で処分をするかどうか、処分をするとしてどういった内容ですべきかを判断することが求められています。しかし、聴聞や弁明の機会が一切なかったとすれば、処分を受けた者にとっては処分前に自らの主張を伝えるべき機会が失われたことになりますし、また処分庁としても、そういった主張を踏まえた判断のプロセスを経ないまま、処分をしたことになります。このように考えると、聴聞や弁明の機会の付与が一切なかったという瑕疵は、処分の違法事由にもなり得る瑕疵であると考えられます。

以上からすれば、審理員としては、このような考え方に基づいて、手続的瑕疵を理由に処分を取り消す旨の審理員意見書を審査庁に提出することが考えられます。審理員の審理は、最終的には審理員意見書を作成し審査庁に提出するために行うものであり、審理員意見書は「審査庁がすべき裁決に関する意見書」（42条１項）であることからすれば、手続的瑕疵を理由に処分を取り消す旨の意見書を提出することは、審理員としての原則的な対応であるといえます。

しかし、仮に審査庁が審理員意見書のとおりの裁決をして、審査請求の対象となった処分を取り消したとしても、その後、多くのケースでは、処分庁が改めて処分前の手続を行って（すなわち、今度は手続的瑕疵がないようにして）、再度同じ処分を行うということになると思われます。そうなると、当該処分自体に納得ができない審査請求人としては、改めて次になされた処分に対し審査請求をする必要が生じてしまい、結果としては、二度手間でありまた最終の結論（裁決）が出るまでに時間を要してしまうということになります。

こういった事情を踏まえた場合、審理員が処分庁に対し、手続的瑕疵があると判断したことを伝えた上で、処分庁自らが職権で処分を取り消すかどうかを検討してもらうという方法をとることもあり得ると思われます。仮に処分庁が職権で処分を取り消すとした場合は、裁決によって処分を取り消すよりも手続が早く進行しますので、その点において審査請求人にメリットがあります。

3　手続的瑕疵がある場合における処分の適法性に関する審理

仮に審査請求人の意向として、手続的瑕疵を理由に処分が取り消されたとしても、再度、手続的瑕疵を治癒した状態での処分がされるだけであり、手続的瑕疵に関する審理は不要であるという意向が示された場合、審理員としては、手続的瑕疵に関する審理はいったん留保して、処分の適法性に関する審理を進めるという進行はあり得ると考えます。審査請求は広くは行政の適正な運営の確保を目的とする手続ですが、主には審査請求人の個別的権利の救済を目的とする手続ですので、審査請求人の意向に沿った審理の進行をすること自体は妨げられないと考えます。

この場合において、処分は違法であり取り消すべきであるとの判断に至った場合、審理員は、処分の違法性を指摘するとともに、手続的瑕疵の存在も指摘した審理員意見書（処分を取り消すべき旨の意見書）を作成することになります。他方、処分は（手続的瑕疵の存在を除き）適法であるとの判断に至った場合であっても、結局は、手続的瑕疵がある以上、処分は違法であり取り消すべき旨の意見書を作成することになります。後者の場合において、あえて処分が（手続的瑕疵の存在を除き）適法であることを記載するかについては、判断に至った理由のみを記載すれば足りるとの考え方もあり得るところですが、手続的瑕疵以外に関する審理や判断も審理員が審理した内容であることに違いはなく、最終的に裁決をするにあたって重要な情報でもあることからすれば、審理員としては、手続的瑕疵を理由とした違法といった記載にとどまらず、処分自体の適法性の審理の経過や結果についても、意見書に盛り込むのが望ましいと思われます。

（濱　和哲）

職権取消しの勧奨

Q78

審理または調査審議の途中において、処分が違法または不当である可能性が高いと判断された場合、処分庁に対し、処分の（職権）取消しを勧めるべきでしょうか。

A78

行政不服審査が簡易かつ迅速な権利救済手続であることからすれば、裁決によって処分を取り消す前に、処分庁に対し処分の職権取消しを勧めることもあり得ると考えます。

説明

1　簡易かつ迅速な権利救済手段

行審法は、「国民が簡易迅速かつ公正な手続の下で広く行政庁に対する不服申立てをすることができるための制度」であり、これによって「国民の権利利益の救済を図る」ことを目的としています（1条）。

ここでは、権利救済手続としての「簡易迅速」性がきわめて重要な特徴として位置付けられています。行政不服審査制度が簡易迅速であることは、審査請求手続それ自体が迅速に進行し、裁決までに多大な時間を要することなく、審査庁としての判断が速やかに示されるという意味とともに、審査請求をきっかけとして、処分庁が対象となった処分を見直すことで、迅速な権利救済が可能となるという意味を含んでいます。

ガイドラインも、「不服申立制度の特徴」の一つとして、「不服申立てを契機として、行政が自ら処分を見直すことで、行政の適正な運営を確保することができること」を掲げています（第1編第1章）。

2　職権取消しの勧奨

行審法上、審理員、審査会、審査庁が処分庁に対し、処分が違法または不当であることを理由として、職権で処分を取り消すことを勧奨する旨を定めた規定はありません。しかし、行政不服審査制度は、簡易迅速な権利救済手段であるとともに、行政救済手続の一つとして、審理継続中であっても処分庁が自ら処分を取り消すことで事案の解決を図ることができるという特徴を有しています。

たしかに、審査請求の後、対象となった事案に関し行政訴訟（多くの場合は処分取消訴訟）が提起された場合においても、処分庁がその後に職権により処分を取り消すこと自体は可能です。しかし、事案が行政訴訟にまで至っているということは、（少なくとも不服申立前置の事案については）裁決によって処分が適法であるとの判断がされていることが通常であるため、実務上、行政訴訟係属中に、処分庁が対象となった処分を職権取消しするということはほとんどありません。

これに対し、審査請求手続は訴訟に至る前段階の行政救済手続であり、処分庁が自ら処分を見直すことが比較的柔軟にできる時期であるといえます。特に、審査請求における審査請求人の主張をみたところ、たしかに相応の根拠があると判断された場合や、審査請求人の主張によって、手続違法に気付いたという場合には、処分庁としても、積極的に処分の見直しを検討すべきであるといえます。

このことからすれば、審理がどの段階にある場合であっても、処分が違法または不当である可能性が高いと判断された場合は、その後の手続を経る前に、処分庁に対し、その旨を打診し処分の見直しを求めることは、むしろ行審法の目的にかなうものであると考えます。もっとも、処分庁がいったんした処分を職権で取り消すためには、処分が違法または不当であることについての相応の根拠が必要であり、処分庁としても裁決に至った場合には、相当程度高い確率で処分が取り消されるという場合でなければ、処分を見直すということにはならないと思われます。そのため、処分庁に対し処分の見直しを求める場合には、どのような理由によって処分が違法または不当であると判断したのかを具体的に指摘する必要があると考えます。

仮に処分が職権で取り消された場合には、原則として、審査請求は裁決により却下されることになります（45条１項)。この場合、行政の適正な運営の確保（１条）の観点に鑑みれば、単に審査請求を却下するだけでなく、裁決において、審査請求の対象となった処分が違法または不当であったことについて指摘するのが望ましいと思われます。

また、事案の内容や審査請求人の意向を踏まえた場合、処分の職権取消しを勧奨するのではなく、裁決により、処分が違法または不当であることを明確にして、審査請求を認容した方が望ましいという事案もあり得ると思われます。行政不服審査制度が審査請求人の迅速な権利救済のための制度であることからすれば、いずれの対応が望ましいかについては、審査請求人の意向を踏まえ判断するのが適当であると思われます。

（濱　和哲）

審査請求人が主張していない違法事由

Q79

審理員が、審査請求人が主張していない違法事由の存在（あるいはその可能性）に気付いたとき、どのように対応すべきでしょうか。審査会が、審査請求人が主張しておらず審理員意見書においても言及がない違法事由の存在（あるいはその可能性）に気付いた場合はどうでしょうか。

A79

審査請求の手続においては、審査請求人が主張していない違法事由によって処分が違法になるのであれば、審査請求の手続の中で是正されることが制度として予定されています（職権探知主義）。審理員や審査会においては、違法事由の存在（あるいはその可能性）に気付いた場合、当該違法事由に関する審査を行うべきです。ただし、事案の内容や審理の状況によっては、審査請求人が当該違法事由を主張していないことに積極的な理由があるか否かについて、確認することも必要になると考えます。

説明

1　基本的な考え方：職権探知主義

審査請求手続は、処分を受けた者が審査庁に対して当該処分を見直すことを求める制度です。審査請求の手続においては、審査請求人が主張していない違法事由によって処分が違法になるのであれば、審査請求の手続の中で是正されることが制度として予定されています（職権探知主義）。

ガイドラインにおいても、行政訴訟との比較における不服申立制度の特徴として、「審理手続については職権探知主義をとることとしており、当事者が主張していない事実についても、職権によって証拠調べをすることが当然に認められる」（第１編第１章）と説明されています。

2　審理員における対応

(1)違法事由の中には、審理員が処分庁の弁明を待たずに違法であると判断できる場合と、処分庁の弁明（およびこれを受けての審査請求人からの反論）を確認して違法であるとの心証を抱く場合があるでしょう。

前者の例としては、処分の際の理由付記が不十分であるという事案が考えられます。理由付記に瑕疵があるか否かは、記載された理由それ自体から客観的に判断すべきものであるためです。この場合は、審理員の判断で理由付記が不十分であることにより処分が違法となるかを判断することになります。

後者の場合、まずは審理員において、処分庁に対して審理員の問題意識を示して質問（36条）をし、当該違法事由について処分庁の考えを弁明させるといった対応が考えられます。処分庁からの弁明を踏まえ、審理員において審査請求人の考えも聴く必要があると判断する場合には、今度は審査請求人に対して質問（36条）をするといった対応が考えられます。審理員は、最終的に当該違法事由があると判断するときには、審理員意見書にその判断内容を記載することになります。

なお、審理員として当該違法事由がないと判断するのであれば、原則として、この旨をあえて審理員意見書に記載する必要はないと考えます。ただし、審査会（あるいは審査庁）が審理員と同様の問題意識をもつ可能性はあるので、これに対する配慮という意味合いで、審理員意見書において審理員として検討し判断したことを記載しておくという対応も考えられます。

(2)留意すべき点としては、審査請求人が当該違法事由を主張していないことについて、積極的な理由がある場合もあることです。典型的には、理由付記をはじめとする手続的瑕疵が問題になる局面です。特に申請に対する拒否処分に対する審査請求において、手続的瑕疵ゆえに当該拒否処分が違法であるとして審査請求が認容されたとしても、その後、当該手続が履行された上で申請拒否処分がなされることが想定されます。これでは許認可等を求める審査請求人にとって意味をもたないことから、審査請求人なりに検討した結果として、あえて手続的瑕疵を違法事由として主張していないということも考えられます。

それでは、審査請求人が違法事由として主張していないことについて積極的な理由がある場合、審理員があえて当該違法事由を取り入れて処分が違法であり審査請求を認容すべきであるとの審理員意見書を書くことはできるのでしょうか。この点については、行審法は、「行政の適正な運営を確保すること」（1条1項）を目的の一つとしており、審査請求手続においても職権探知主義が妥当することから、審査請求人が主張しなかった違法事由についても審理判断し、審査請求を認容すべきであるとの審理員意見書を書くべきであるという考え方もあり得ます。しかし、行審法は、「国民の権利利益の救済を図る」（同項）ことも目的の一つとしています。また、行審法が「行政の適正な運営を確保すること」を目的の一つとしているといっても、審査庁は、審査請求がなされなければ、処分の違法性や不当性について、判断をすることはできません。すなわち、行審法に規定された審査請求手続は、第一次的には審査請求人の権利救済のための手続です。したがって、審理員は、審査請求人が望まない事由に基づき審査請求を認容すべきとの審理員意見書を書くということはすべきではないと考えます。審理員においては、必要に応じて、審査請求人において当該違法事由を主張する意向があるかについても確認しておくべきであるといえます。

3　審査会における対応

審査会が、審査請求人が主張しておらず審理員意見書においても言及がない違法事由の存在（あるいはその可能性）に気付いた場合に取るべき対応についても、前記2で述べた審理員として取るべき対応と概ね同様です。

審査会において、処分庁に弁明をさせる必要があるか否かを判断し、必要があると判断するときには処分庁に弁明させ、さらに必要があれば審査請求人の考えも聴くことになります（これらの手続は行審法74条に基づき行うことができます。）。その上で、審査会として当該違法事由があると判断するときには、答申書においてその旨を記載することになります。必要に応じて、審査請求人として当該違法事由を主張する意向があるかについても、確認しておくべきです。

（水野泰孝）

標準審理期間の定め

Q80　**審査庁となるべき行政庁において、標準審理期間は定めるべきでしょうか。定める場合、どのように定めればよいでしょうか。**

A80　行審法16条は、標準審理期間を定めることを努力義務とするに留めています。しかしながら、その制度趣旨に照らせば、標準審理期間を定めることができるときには、できる限り定めるべきであると考えます。標準審理期間の具体的な定め方については、行審法は特段の定めを置いていないため、行政機関・団体ごとに判断する必要があります。

説明

1　標準審理期間について

審理の遅延を防ぎ、審査請求人の権利利益の救済を図る観点から、行審法16条は、審査庁となるべき行政庁は「審査請求がその事務所に到達してから当該審査請求に対する裁決をするまでに通常要すべき標準的な期間」（標準審理期間）を定めるよう努めること、これが定められたときは審査庁となるべき行政庁および関係処分庁の事務所において備え付ける方法等により公にしておかなければならないことを定めています。標準処理期間の設定は、平成26年改正前行審法にはなかった規定であり、改正行審法により新設されました（なお、類似の制度として、行政手続法６条の定める標準処理期間があります。）。

標準審理期間の定めが努力義務に留まるのは、不服申立ての理由はさまざまであり、審理の内容も多種多様であるため、不服申立てが行われ得るすべての局面において標準審理期間を制定することは困難であるためです。

標準審理期間は、あくまで審査請求の審査期間の目安として定められるものであり、その期間内に裁決をしなければならない義務を審査庁に課すものではありません。審査請求の手続に要する期間が標準審理期間を経過したとしても、このことから直ちに違法な不作為や裁決の手続上の瑕疵にあたることになるものでもありません。

2　標準審理期間の制定状況

(1)令和元年度行政不服審査法施行状況調査（2023年３月公表）によれば、国の行政機関（各府省省庁等47機関）における標準審理期間の制定状況は、「全部設定済　2（4.3%）」、「一部未設定　4（8.5%）」、「未設定　41（87.2%）」となっています。

未設定の理由としては、17機関（36.2%）が「現状では実績が少ないなどの理由により未設定であるが、状況をみて設定予定」であると答えています。

(2)同じ調査にて、地方公共団体（67団体）における標準審理期間の制定状況は、「全部設定済　6（９%）」、「一部未設定　21（31.3%）」、「未設定　40（59.7%）」となっています。

未設定の理由としては、41団体（61.2%）が「現状では実績が少ないなどの理由により未設定であるが、状況をみて設定予定」であると答えています。

(3)上記(1)(2)は、改正行審法が施行されてから間もない令和元年度の調査結果であるため、現時点においては、より多くの行政機関および団体において、標準審理期間が制定されていると考えられます。

3　標準審理期間を定めるべき場合および定め方

(1)改正行審法が標準審理期間の制度を新設した趣旨に照らせば、審査庁となる行政庁において、標準審理期間を定めることができるときには定めるべきと考えます。

審査請求人の立場からすれば、裁決までのおおよその期間が分かることは、審査請求をして争うのか、（同時にあるいは選択的に）訴訟提起をするのかの判断の一要素にもなります。また、審理員、審査庁、あるいは審査会の立場からしても、一応の期間の目安があることで、迅速・円滑な審理が意識され、効率的に手続を進める動機付けにもなるものです。

(2)標準審理期間の定め方について、行審法は特段の規定を置いていません。

審査庁となる行政庁全体に係るものとして標準審理期間を定めても良いですし、定型的な事件に限定して定めても構いません。処分の類型ごとに標準審理期間を定めることもできます。どのように定めるかは、行政機関・団体の工夫次第です。

ガイドラインにおいても、審査会に諮問する場合と諮問しない場合に分けて定める例、一般的な審査請求と情報公開条例に基づく処分に係る審査請求に分けて定める例、期間を明示した上でイレギュラーな手続に要した期間（審査請求書の補正のために要する期間等）がこれに含まれないことを明示する例など、様々な例が挙げられています（第5編第1章1(2)ウ）。

(3)審査庁となる行政庁においては、標準審理期間はできる限り設定すべきものという意識をもって、その設定を検討すべきであると考えます。標準審理期間を設定した場合、それで終えるのではなく、定期的に、当該期間が実態にあっているのか（必要以上に長い期間を設定していないか）などの観点からの見直しも行うべきです。

4　「公」の仕方

行審法16条は、審査庁となる行政庁が標準審理期間を定めた場合における「公」の仕方について、特段の規定を置いていません。

実務上、行政機関・団体のウェブサイトに掲載する方法、事務所に備え付けて希望者はいつでも閲覧することができる状態にする方法、これを明らかにするよう求めがあった場合に所定の場所で閲覧に応じるとする方法等、さまざまな方法が用いられています。

審査請求人（審査請求を行うことを検討している）の便宜の観点からは、当該行政機関・団体においてウェブサイトを用意している場合には、少なくともそこに掲載することが望ましいと考えます。この方法に加えて、他の方法も併用すればよりよいでしょう。

（水野泰孝）

不作為に対する審査請求

Q81

行政の不作為に対して審査請求がなされたところ、審理員が指名された後、不作為庁によって申請拒否処分が行われました。審理員ないし審査庁として、どのように対応すべきでしょうか。

A81

原則的には、審査庁は裁決で当該審査請求を却下すべきであるといえます（49条１項)。ただし、審査請求人が申請拒否処分に対して争う意向を示している場合には、当該申請拒否処分に対する審査請求を待ち、新たな審査請求を、従前の不作為に対する審査請求に併合させるという対応も考えられます。

説明

１　原則的対応

法令に基づき行政庁に対して処分についての申請をした者は、当該申請から相当の期間が経過したにもかかわらず、当該行政庁が不作為を続ける場合、当該不作為についての審査請求をすることができます（３条)。ここでは、あくまで行政の不作為が争われるのであって、当該申請に対して処分がなされた際には、不作為という状態は解消されたことになるので、処分内容が申請者の意向に沿うものであるか否かを問わず、不作為に対する審査請求は審理の必要がなくなることになります。

したがって、行政の不作為に対して審査請求をしたところ、不作為庁によって申請拒否処分がされたときには、不作為という状態が解消されて審理の必要がなくなったとして審査請求が不適法となるため、審査庁は裁決で当該審査請求を却下することになります（49条１項)。審査請求人が当該申請拒否処分に納得できず、当該申請拒否処分に対して審査請求を行った場合、審査庁は、改めて審理員の指名等を進めていくことになります。

2　実務上の対応の工夫

行政の不作為に対して審査請求をする場合、審査請求人の考えとしては、不作為それ自体に主眼があることもあれば、これに主眼があるというよりも、最終的に申請に対して期待する処分(許認可等)がなされることを求めて争っているということもあるでしょう。行政の不作為に対し審査請求をした結果、申請拒否処分がなされた場合、改めて当該申請拒否処分に対して審査請求をして争っていくことも少なくないといえます。

この場合において、通常の手続に則って審理員の指名等を進めていくことは考えられますが、従前の不作為に対する審査請求の事件において一定程度手続が進んでいた場合には、迅速な権利救済の観点からは、これをできる限り利用したいこともあるでしょう。

実務上の対応の工夫の一例として、行政の不作為に対して審査請求がなされ、審理員が指名された後に申請拒否処分がなされたときには、審査庁は直ちに裁決で審査請求を却下するのではなく、審査請求人に対して当該申請拒否処分を争う意向であるか否かを確認し、これを争う意向であるということであれば、係属中の手続を利用する旨を説明した上で審査請求人から当該申請拒否処分に対する審査請求をしてもらい、この新たな審査請求を従前の不作為に対する審査請求に併合（39条）させて審理を進めるということも考えられます。この場合において、従前の不作為に対する審査請求については、二つの審査請求を併合した後に取り下げてもらえばよいでしょう。

なお、審査請求が併合された場合の主張書面や証拠書類等の位置付けについて、ガイドラインにおいて、「併合審理される数個の審査請求についての弁明書等の主張内容を記載した書面は、これらの審査請求全体に共通のものとして提出され、共通の審理資料として活用される。」、「併合前に一の審査請求について提出された証拠書類等の物件は、併合された審査請求全体に共通の審理資料として活用される。」と説明されていることも参考になります（第2編第3章12ア）。

（水野泰孝）

審理員の指名を要しない場合

Q82

情報公開条例に基づく処分については、条例で、審理員指名の適用を除外する規定を置くことが多いと思います。この場合には、どのように審査請求手続を進めるのがよいでしょうか。

A82

この場合、審理員を指名する必要がないため、審理員審理は行われませんが（９条１項ただし書き)、通常審理員が主宰して行う審理手続を、審査庁が主宰して行う必要があります（同条３項、別表第１)。

また、条例により、情報公開審査会等に対する諮問の手続が規定されている場合には、当該審査会等に諮問し、答申を受けた後に、裁決を行う必要があります。

この場合、審査庁の審理手続と情報公開審査会等の調査審議手続が重複しますが、審査請求人の承諾があれば、重複する手続を、事実上情報公開審査会等の調査審議の手続の中でまとめて行うことも可能と思われます。

説明

1　審理員指名の適用除外

審査請求がなされた場合、審査庁は、原則として、審査庁に所属する職員のうちから審理手続を行う審理員を指名することとされていますが（９条１項)、行審法には、例外的に、審理員の指名が不要な場合も規定されています。

例えば、自治体の場合、「地方自治法第138条の４第１項に規定する委員会若しくは委員又は同条第3項に規定する機関」が審査庁となる場合には、審理員を指名する必要はありません（9条1項ただし書き・3号)。例えば、審査庁が、公安委員会、教育委員会、建築審査会等の場合が、これに該当します。このような場合に審理員指名の適用が除外されるのは、審査庁が、行政事務について優れた見識を有する委員で構成されており、「審査請求の審理及び判断についても公正かつ慎重に行われることが制度上担保されていると考えられる」からであると説明されています（ガイドライン第2編2章5(1))。

また、「条例に基づく処分について条例に特別の定めがある場合」も、審理員の指名が不要です（9条1項ただし書き)。これは、地方自治の尊重の観点から定められた例外規定であり、一般的に見られるのは、情報公開条例に基づく不開示決定等の処分につき審理員指名の適用を除外する規定です。

なお、単に審理手続を簡略化することを目的として、条例でこのような特別な定めを設けるべきではありません。ガイドラインにおいても、「例えば、情報公開条例に基づく処分について、地方公共団体の情報公開審査会が実質的な審理を行っている場合などは、審理員を指名しないと条例で定めるといった場合などを想定したものであり（中略）特段の事情なく単に審理手続を簡略にするために特別の定めを設けることは、審理員制度の趣旨に照らし適当でなく、審理員の指名を不要とすることについて一定の合理性が求められる」とされています（第2編2章5(2))。

2　審理員を指名しない場合の審理手続等

審理員指名の適用が除外される場合、審理員審理は行われませんが、審理手続そのものが除外されるわけではありません。

具体的には、審理員指名の適用が除外される場合には、審査庁が審理の主宰者となり、通常審理員が行う審理手続の多くを履践することになります（9条3項、別表第1)。したがって、審査庁は、当事者に対して、弁明書や反論書、証拠等の提出を促したり、申立てに基づき口頭意見陳述を実施したりする必要があります。

他方、審理員意見書の作成・提出（42条１項・２項）の規定は、同法別表第１の読み替えの対象外ですので、審査庁審理の場合には適用されません。また、行審法43条１項は、審査庁が、「審理員意見書の提出を受けたときは」、行政不服審査会へ諮問すべきことを定めていますが、審査庁審理がなされる場合には、「審理員意見書の提出」はなされないため、行政不服審査会への諮問は不要です。

したがって、法律や条例に特段の定めがない場合、審査庁は、審理手続の終結後、審理関係人に対し、その旨を通知し、その後は遅滞なく裁決を行う必要があります（41条１項・３項、44条、別表第１）。

3　情報公開審査会等への諮問

これまで述べてきたように、情報公開条例に基づく不開示決定等の処分に対する審査請求について、条例で審理員指名の適用を除外する定めがある場合には、審査庁が審理手続を主宰する必要がありますが、多くの自治体では、条例において、情報公開審査会等に対する諮問を行う旨を規定する例が多いと思われます。

この場合には、審査庁は、条例の定めに応じて諮問を行い、諮問を受けた情報公開審査会等が調査審議を経て答申を行います。一般的には、情報公開審査会等の調査審議手続についても、条例で定められています。具体的には、多くの条例において、当事者による主張書面や証拠の提出、口頭意見陳述の実施について規定されていると思われます。

4　重複する手続の進め方

以上のように、情報公開条例に基づく不開示決定等の処分に対する審査請求において、条例で審理員指名の適用を除外する定めがある場合には、審査庁による審理と、情報公開審査会等の調査審議が重複することがあります。そのため、各地の自治体から、総務省に対して、この場合の手続を簡素化する法改正を求める意見が出されたこともありました（平成30年地方分権改革に関する提案募集に対する提案）。

もっとも、情報公開審査会等の調査審議手続の定めについては、自治体ごとに相違があり、例えば、口頭意見陳述の定めのない条例も存在しました。このような事情もあり、平成30年当時、改正についての議論は具体化しませんでした。

他方、ガイドラインは、この問題につき、柔軟な運用の可能性を示しています。具体的には、審査庁による審理手続につき、「手続によっては、迅速な審理手続の観点から、審査請求人の同意を得ることを前提として、①情報公開審査会等における調査審議の中で実施するよう案内することや、②情報公開審査会等における調査審議において実施することにより、審査庁と審査会が連名で口頭意見陳述等を実施しているという扱いにするといった運用とすることも考えられる」と記載されています（第２編２章５(3)）。

したがって、審査請求人の承諾があれば、条文上別個に規定されている手続を、事実上調査審議の手続の中でまとめて行うことも許容されると思われます。

（和田　浩）

行政不服審査会以外の機関に対して諮問する場合の審査請求人への通知等

Q83

行政不服審査会以外の機関に諮問する場合（43条１項２号）、行審法43条３項が適用されないため、審査請求人に対して、諮問した旨の通知や審理員意見書の写しを送付する必要はないように思われますが、そのような運用で問題ないですか。

A83

審査庁が、行政不服審査会以外の機関に諮問する場合、審査請求人に対して、諮問した旨の通知や審理員意見書の写しを送付しなかったとしても、法令や条例等で別段の定めがない限り違法ではありませんが、審査請求人の手続保障の観点からすると、審査庁は、行政不服審査会以外の諮問機関に諮問した場合にも、審査請求人に対し、その旨を通知するとともに、審理員意見書の写しを送付するのが望ましいと思われます。

説明

1　行政不服審査会への諮問

2014（平成26）年の行審法改正によって審理員制度が導入されたことにより、審査請求における審理手続の公正性は一定程度向上したと評価することができます。もっとも、審理員は、審査庁に所属する職員であるため（9条１項）、中立性や公正性の確保という観点では、必ずしも十分とは言えません。

そこで、行審法においては、審査請求手続における中立性や公正性の確保という観点から、第三者機関である行政不服審査会への諮問制度が定められています。

具体的には、審査庁は、審理員による審理手続が終結し、審理員から審理員意見書の提出を受けたときは、原則として、行政不服審査会に諮問をしなければなりません（42条１項・２項、43条１項)。そして、諮問を受けた行政不服審査会は、調査審議を経て、審査庁に対して答申を行います。

2　行政不服審査会への諮問が不要な場合

以上のように、審査庁は、審理員から審理員意見書の提出を受けたとき、行政不服審査会に諮問をするのが原則ですが、行審法上、一定の場合には諮問が不要と定められています（43条１項各号)。

例えば、処分や裁決の際に審議会等の議を経ている場合（同項１号･２号･３号)、審査請求人から諮問を希望しない旨の申出がなされている場合（同項４号)、審査請求が不適法であり却下する場合（同項６号)、審査請求の全部を認容する場合（同項７号・８号）などが、行政不服審査会への諮問が不要な場合に該当します。

3　行政不服審査会以外の機関が諮問機関となる場合

行政不服審査会への諮問が不要とされる場合の一つとして、行政不服審査会以外の機関に対する諮問がなされる場合があります（43条１項２号)。

例えば、障害者の日常生活及び社会生活を総合的に支援するための法律は、都道府県知事が、条例で定めるところにより、市町村の介護給付費等に係る処分に対する審査請求を取り扱わせるために、障害者介護給付費等不服審査会（以下、「不服審査会」といいます。）を設置することができると規定しています（同法97条１項、98条１項)。そして、不服審査会は、地方公共団体に設置された諮問機関であることから、不服審査会に諮問する場合には、行政不服審査会への諮問が不要とされます（43条１項２号、９条１項３号、地方自治法138条の４第３項)。

このように、特別な諮問機関の議を経ることにより行政不服審査会による公正かつ専門的な審査を不要にできるのは、当該諮問機関が、公正性、中立性を有するとともに、専門性を有する有識者により構成されるからと考えられます。

4　行政不服審査会以外の機関へ諮問をする場合における審理関係人への通知等

審査庁が、行審法43条1項に基づき行政不服審査会へ諮問をした場合には、審査庁は、審理関係人に対して、諮問した旨を通知するとともに、審理員意見書の写しを送付する必要があります（43条3項)。

ところが、同条1項各号の適用により行政不服審査会への諮問を要しない場合には、同条3項が適用されません。というのは、同項は、「第1項の規定により諮問をした審査庁」が、審理関係人に対して、諮問した旨の通知および審理員意見書の写しの送付をする旨規定しているからです。そのため、審査庁が、同条1項2号に該当するとして、行政不服審査会以外の機関へ諮問した場合には、行審法上、審理関係人に対して、当該諮問をした旨の通知をする必要も、審理員意見書の写しを送付する必要もありません。

したがって、この場合、審査庁が、審理関係人に対して諮問をした旨を通知せず、審理員意見書の写しを送付しないという運用は、法令や条例等で別段の定めがない限り、適法であると思われます。

もっとも、審査請求人が、諮問機関における審理手続に参加するためには、当該諮問機関への諮問がなされたことを知ることが不可欠です。また、審査請求人が当該諮問機関において必要な主張等をするためには、審理員意見書の内容を知ることも必要です。

したがって、審査請求人の手続保障の観点からすると、審査庁は、行政不服審査会以外の諮問機関に諮問した場合にも、審理関係人に対し、その旨を通知するとともに、審理員意見書の写しを送付するのが望ましいと思われます。

（和田　浩）

行政不服審査会以外の機関に対する諮問

Q84

行審法43条１項２号により、行政不服審査会以外の機関に諮問する場合、諮問機関は、どのように調査審議をすべきですか。

また、諮問機関の調査審議手続について、条例を定めるべきですか。

A84

諮問を受けた機関は、行政不服審査会における調査審議と同等の調査審議手続を経て答申をするのが望ましいと思われます。

また、調査審議手続の恣意性を排除し、審査請求人に手続参加の機会を保障するためにも、調査審議手続を条例で定めるのが望ましいと思われます。

説明

1　行政不服審査会への諮問

審査庁は、審理員による審理手続が終結し、審理員から審理員意見書の提出を受けたときは、原則として、行政不服審査会に諮問をしなければなりません（43条１項）。

そして、諮問を受けた行政不服審査会は、中立公正な第三者機関として、調査審議を行い、審査庁に対して答申を行います。

2　行政不服審査会への諮問が不要な場合

審査庁は、審理員から審理員意見書の提出を受けたとき、行政不服審査会に諮問をするのが原則ですが、行審法上、一定の場合には諮問が不要とされています（43条１項各号）。

例えば、処分や裁決の際に審議会等の議を経ている場合（同項1号・2号・3号）、審査請求人から諮問を希望しない旨の申出がなされている場合（同項4号）、審査請求が不適法であり却下する場合（同項6号）、審査請求の全部を認容する場合（同項7号・8号）などが、行政不服審査会への諮問が不要な場合に該当します。

3　行政不服審査会以外の機関が諮問機関となる場合

行政不服審査会への諮問が不要とされる場合の一つとして、都道府県に設置される障害者介護給付費等不服審査会等、行政不服審査会以外の機関に対する諮問がなされる場合があります（43条1項2号）。

このように、特別な諮問機関の議を経ることにより行政不服審査会による公正かつ専門的な審査を不要にできるのは、当該諮問機関が、公正性、中立性を有するとともに、専門性を有する有識者により構成されるからであると考えられます。

したがって、行政不服審査会に代わって諮問を受ける機関については、公正性、中立性、高度な専門性を要すると考えるのが相当です。

4　特別な諮問機関における調査審議手続

こうした特別な諮問機関における調査審議手続について、行審法は何ら規定を置いていません。

しかし、行審法が、原則として、行政不服審査会の調査審議を必要とした趣旨に鑑みれば、特別な諮問機関における調査審議手続もまた、行政不服審査会におけるそれと同等であることが望ましいと思われます。

具体的には、当該諮問機関においても、職権調査（74条）、審査請求人の意見陳述（75条1項）、審査請求人の主張書面等の提出（76条）等、行政不服審査会の審理において規定される手続と同等の手続を保障するのが望ましいと思われます。

また、調査審議手続の恣意性を排除し、審査請求人の手続参加の機会を保障するためにも、これらの手続については条例で定めるのが望ましいと思われます。

5　特別な諮問機関の委員構成

特別な諮問機関の委員構成についても、行審法は何ら規定を置いていません。

しかし、諮問機関による調査審議においては高度に法的な知識や判断が必要になることや、行審法上、審査庁の諮問を受ける原則的な機関である行政不服審査会が、主に法律の専門家等により構成されていることに鑑みれば、これに代わる特別な諮問機関の委員構成についても、弁護士等法律の専門家が一定の割合を占めるのが望ましいと思われます。

（和田　浩）

著者紹介

濱　和哲（はま　かずあき）

弁護士（共栄法律事務所）

〔略歴〕

1999年東京大学教育学部卒業。住友銀行（現三井住友銀行）の勤務を経て、2007年弁護士登録（大阪弁護士会所属)、2016年税理士登録。

大阪大学大学院高等司法研究科招へい教授、日本弁護士連合会・行政問題対応センター委員、大阪府堺市審理員、大阪府行政不服審査会委員等を務める。

〔主著〕

『事業者のためのパンデミックへの法的対応』（共著、ぎょうせい、2020年)、『行政不服審査法の実務と書式（第２版)』（共著、民事法研究会、2020年)、『法律家のための行政手続ハンドブック』（共著、ぎょうせい、2019年)、『書式･行政訴訟の実務（第三版)』（共著、民事法研究会、2019年)、「処分差止訴訟との交錯が生じ得る場面における当事者訴訟（確認訴訟）の活用について」水野武夫先生古希記念論文集『行政と国民の権利』（共著、法律文化社、2011年）等。

水野　泰孝（みずの　やすたか）

弁護士（水野泰孝法律事務所）

〔略歴〕

2007年慶應義塾大学法科大学院修了。2008年弁護士登録（東京弁護士会所属)。

日本弁護士連合会・行政問題対応センター事務局長、早稲田大学大学院法務研究科准教授（任期付き、実務家教員)、東京都大田区審理員等を務める。

〔主著〕

『行政不服審査法の実務と書式（第２版)』（共著、民事法研究会、2020年)、『新行政不服審査法審理員のノウハウ・不服申立代理人のスキル』（共著、民事法研究会、2016年)。

和田　浩（わだ　ひろし）

弁護士（縁法律事務所）

〔略歴〕

2010年京都大学法科大学院修了。2013年弁護士登録（京都弁護士会所属)。

日本弁護士連合会・行政問題対応センター委員、八幡市審理員、向日市行政不服審査会委員等を務める。

〔主著〕

『子どもの虐待防止・法的実務マニュアル（第６版)』（共著、明石書店、2017年)。

サービス・インフォメーション

通話無料

①商品に関するご照会・お申込みのご依頼
TEL 0120 (203) 694／FAX 0120 (302) 640

②ご住所・ご名義等各種変更のご連絡
TEL 0120 (203) 696／FAX 0120 (202) 974

③請求・お支払いに関するご照会・ご要望
TEL 0120 (203) 695／FAX 0120 (202) 973

●フリーダイヤル（TEL）の受付時間は、土・日・祝日を除く9:00〜17:30です。
●FAXは24時間受け付けておりますので、あわせてご利用ください。

行政不服審査の対応にもう困らない
自治体の審理手続に役立つ実務Q＆A

2024年1月10日　初版発行

著　者　濱　和哲・水野泰孝・和田　浩

発行者　田　中　英　弥

発行所　第一法規株式会社
〒107-8560　東京都港区南青山2-11-17
ホームページ　https://www.daiichihoki.co.jp/

審理手続ＱＡ　ISBN 978-4-474-09413-0　C2032　(6)